优秀的人总会赢在谈判上

刘建华◎编著

天津出版传媒集团

天津人民出版社

图书在版编目（CIP）数据

优秀的人总会赢在谈判上 / 刘建华编著 . –– 天津：
天津人民出版社 , 2020.2
ISBN 978-7-201-15812-9

Ⅰ . ①优… Ⅱ . ①刘… Ⅲ . ①商务谈判 Ⅳ .
① F715.4

中国版本图书馆 CIP 数据核字 (2020) 第 009669 号

优秀的人总会赢在谈判上
YOUXIU DE REN ZONGHUI YINGZAI TANPANSHANG

出　　　版	天津人民出版社
出 版 人	刘　庆
地　　　址	天津市和平区西康路 35 号康岳大厦
邮政编码	300051
邮购电话	022-23332469
网　　　址	http://www.tjrmcbs.com
电子信箱	reader@tjrmcbs.com
责任编辑	刘子伯
装帧设计	那维俊
制版印刷	三河市恒升印装有限公司
经　　　销	全国新华书店
开　　　本	710×1000　　　1/16
印　　　张	16
字　　　数	200 千字
版次印次	2020 年 2 月第 1 版　2020 年 2 月第 1 次印刷
定　　　价	39.80 元

目 录
Contents

1

第三章　会圆场的人，走到哪里都受欢迎

第四章　说好"对不起"放下面子和为贵

第五章　能言善辩，让对方心服口服心悦诚服

第六章　攻守有方，天下没有谈不成的事

第七章　话是软实力，说靠硬功夫

第八章　准确把握成功谈判的四个阶段的应对技巧

第九章　说服谈判谈笑间：在共情、对抗中拓展

第十章　运用妙语表达，在谈判中争取主动

第十一章　智慧表达，让交往气氛充满轻松和谐

第一章

把握全局，练就一举制胜的谈判口才

懂得刚柔相济才能在谈判中进退自如

在今天的经济生活中，口才更是一项重要的技能，在经济或商业的"战场"上大显身手。在谈判过程中，口才更是举足轻重的，直接关系到谈判的成败。

要得到生意，就要抓住谈话中的机会。良好的口才出自良好的察言观色能力。

为了揽到业务已花费了不少精力，但为了将这笔生意做成，业务员已做了大量艰苦而细致的工作，可以说成交前的工作是艰辛且极富挑战性的，这正是商贸活动的乐趣所在。但是并非是每笔生意都能成交，若不能成交，为此所付的努力将付之东流，一切都要从另一笔生意开始从头做起。

因此，在一般人的心目中，往往把生意的成交与否作为销售工作的成功与否的重要环节，实际上这是一种误解。在一般的销售工作中，成交仅是一项水到渠成的过程而已，并非那样神秘。唯一需要牢记的是，该下订单的时候，自己一定要向客户提出来。这是非常重要的。

IMG 集团公司企业刚成立时，经过长期的工作，业务工作局面开始打开，有一天终于约见了几个月来就想拜见的全美有名的席梦思床垫公司总裁格兰特·席梦思以及好几位副总裁，向他们推销 IMG 公司的服务，希望为该床垫公司生产配套产品。

整个会谈进行得十分顺利，但是床垫公司仿佛仍然没有被说服下决心合作。如果错过这个机会，再找机会将这几位公司的巨头与 IMG 公司的董事长们聚集在一起，那可能会是几个月以后，甚至更长时间的事。为此，麦克先生，这位精明的总经理便果断地向格兰特·席梦思先生，这位床垫公司的总决策人提出了自己的想法。

麦克先生说："我们刚才非常荣幸地向各位介绍了本公司能为贵公司提供的配套服务，对于双方今后的合作计划、前景也得到了各位一致的赞同，这项合作计划对我们双方都将是有利可图的。但是如果我们一离开这房间，这项业务对贵公司的大业务来说实在称不上什么，或许会被暂时搁置一旁，因为对你们公司来说业务实在是太多了。但对我们公司来说则非常重要，为此我们等待了四个月的时间，既然我们都认为这是一个可行的合作项目，何不乘格兰特先生和几位副总在场，把合作协议签了，为我们的初次合作画上一个完满的句号呢？希望能原谅我的冒昧请求。"

当然，结果是非常成功的，格兰特·席梦思先生从沙发上站了起来，握住了麦克先生的手，说："好！"合作协议就这样签约了。

当麦克回到公司将结果告诉同仁，他们都感到非常惊奇且难以置信，不到一个上午就大功告成。但结果正是如此，只要抓住机会，要求客户下订单，成功的过程就是这样简单。

选择谈判地点，
往往会收到出人意料的效果

一般来说，谈判都是高手之间的较量，很多情况下彼此实力相差不远，但若有一方能在谈判桌之外动点手脚，结果就往往出于人的意料之外。

美国第三任总统托马斯·杰弗逊在《独立宣言》签字几年后还在说："在不舒适的环境下人们可能会违背本意，言不由衷。"

也许我们会以为《独立宣言》的签字会场一定是环境优美的场所。可是，组织者却出人意料地把会场选在了一间马厩的隔壁，正值暑气炎炎的7月，当日又特别闷热，令人烦躁不安。

更可厌的是，马厩里飞来的苍蝇，在谈判会场横行无忌，满堂飞舞，有时停在谈判代表的头和脸上，有时叮在谈判代表的背上，甚至无所顾忌地停落在代表拿笔的手背上。

在这种情况下，签字就意味着一种摆脱。谁愿整天与嗡叫的苍蝇纠缠在一起呢？

据说，卡特总统在组织埃及和以色列和平谈判时，把谈判地点选择在戴维营。戴维营并不是度假胜地，而是连一般市民休闲都不愿去的地方。那里最刺激的活动就是拉松果，闻闻松香而已。

卡特为这次中东和谈提供的娱乐工具是两辆供14人使用的自行车。住在那里的埃及总统萨达特和以色列总理贝京两人，每天晚上只能从两部电影中选一部观赏。到了第6天，他们把这两部电影看过几遍了，看得烦透了，可没有新片可看。每天早晨8点，卡特就会去敲他俩的房门，声音单调地说道："噢，我是吉米·卡特，准备再过内容同样无聊、同样令人厌倦的 10 个小时吧！"如此过了 13 天，萨达特和贝京再也过不下去了。他们心里都在想只要不影响自己的前途，那就签字吧，签了字就可以离开这个鬼地方。

《独立宣言》的签字之快，以及中东和谈协议的顺利签署，环境是一个不可忽视的因素。选择马厩隔壁和戴维营作为谈判签字地点，就是要逼迫双方求大同存小异，尽快成交。

恶劣的环境，有时候，反而是谈判的有利因素。

从上面的例子中，我们可以看出，杰弗逊和卡特两位总统，制定谈判计划时是何等缜密，可谓煞费心机，同时也给谈判者一个激励的启示：谈判的地点对谈判成败或成果的优劣，至关重要。

谈判点子不是什么特殊手段，更不是什么阴谋诡计，只不过是一些高明的谈判。其高明之处在于"别有用心"却不违背原则。

日本在二战后的几十年里飞速发展，迅速跨入了发达国家的行列。一方面是其国家政策的引导和支持所致，另一方面也是和日本企业家杰出的经营能力分不开的。他们往往能通过一些富有本民族特色却又"别有用心"的服务使一些自以为聪明的客商一步步走进他们的圈套，直到最后才会醒悟，但有利的时机早已错过。

一次，一位喜欢分析日本人精神及心理的美国商人，因生意的需要前往日本谈判。

飞机在东京机场着陆时，他受到两位日方职员彬彬有礼的迎接，并替他办理好了所有的手续。

简单的寒暄之后，热情的日本人问道："先生，您是否会说日本语？"

"哦，不会，不过我带来一本日文字典希望能尽快学会。"美国人回答道。

"您是不是非得准时乘机回国？到时我们安排您去机场。"日本人又问。

对此不加丝毫戒备的美国人对日本商人的体贴周到非常感动，赶忙掏出回程机票，同时反复说明他到时必须离开日本回国。

于是，聪明的日本人知道美国人只能在日本停留 14 天，只要让这 14 天时间牢牢掌握在自己手中，他们就占主动地位了。首先，日本人安排异国来客作长达一个星期的游览，从皇宫到各地风情都饱览了一遍，甚至根据美国人的癖好，还特地带他参加了一个用英语讲解"禅机"的短期培训班，声称这样可以使美国商人更好地了解日本的宗教风俗。

每天晚上，日本人都会让美国人半跪在冷硬的地板上，接受日本式殷勤好客的晚宴招待，往往一跪就是四个半小时，令美国人厌烦透顶叫苦不迭，却又不得不连连称谢。但是，只要他一提出进行此次的商务洽谈，日本人就会搪塞说："时间还多，不忙，不忙。"

日子就这样过去了。

第12天，谈判终于在一种胶着状态下开始了，然而下午安排的却是高雅的高尔夫球运动。

第13天，谈判又一次开始，但为了出席盛大的欢送晚会，谈判又只能提前结束。晚上，美国人已经急得像热锅上的蚂蚁，但有气不打笑脸人，面对日本人的客气和笑脸，美国人只得强装笑脸，听从日本人周密细致的安排，把晚上的时间花在娱乐上。

第14天早上，谈判在一片送别的氛围中再开始，本应在长时间内妥善完成的谈判压缩在半日内进行，其仓促是可想而知的。正当谈判处在紧要关头的时候，轿车鸣响了喇叭，前往机场的时间到了。主客双方只好急卷起协议草案，一同钻进赶往机场的轿车，在途中再次商谈合作的具体事宜。就在汽车抵达机场，美国客人就要步入机场通道的时候，双方在协议书上签了字。双方握手道别，美国人终于完成自己此行所负的责任。

然而不久之后，当美国商人在履行协议时才发现处处不对劲儿，己方处处吃亏，这才醒悟过来：原来日本人对此早有准备，只不过是一切阴谋和计策都隐在他们那永恒不变的笑容中了。美国人这次亏吃得不小，可又无法说出，正是哑巴吃黄连，有苦说不出。谈判中结果永远是最重要的，过程只是为结果服务，从上面的例子可以看出，精心安排过程可以在谈判中占尽先机。

从细微之处满足客户的切身需求

在中国台湾，对于某些行业来讲，升级的速度仍然不够快，经常还会见到一群供应商抢一个大饼的现象。

有一个美国的大买家不久前来台采购商品，就有七八家供应商闻风而来。有些通过关系事先打电话到美国安排饭局，有些送花、送水果礼物到饭店，各家厂商为了一纸合约都施展出浑身解数。

七八家厂商的业务之中不乏很有经验的商场老手，非常懂得交际手腕，也有很好的关系，借以打入这个大买家。但是很不可思议的，这纸合约最后却落到一个在此行业里资历尚浅的供应商手里。

这个供应商的年轻业务员难道是使了什么法术？

年轻业务员虽然事先也和客人约好了要会面，但是在激烈的竞争之下，各家的品质和价钱其实都是差不多的，年轻业务员看清楚了这一点，就一直思考要怎么样才能出奇制胜。他打听到这位客人由美国到欧洲参观展览，再由欧洲赴土耳其和香港，最后才来台湾，又听说一家供应厂商已经和客人约好了负责机场往返接送。

年轻业务员打电话给这家供应商："我是客人的朋友，想要确认你们会去接机。"

"是啊！我们会派司机开一辆奔驰到机场接机。"该供应商不疑有诈。

客人抵达当天，一辆"奔驰"在机场候驾，客人拖了20多件大行李走出海关，看到只能放得下几件大行李的奔驰车当场傻了眼。这时旁边停放的一辆20多人座的中型巴士上走下了年轻的业务员，一边送上名片和客人打招呼，一边邀请客人上车。客人也顾不得在旁干瞪眼的另外一家厂商，说了句"再见"，就急急忙忙地上了中型巴士。

　　一路上年轻业务员利用时间介绍自己的公司和产品，客人坐在舒适的巴士上，双方聊得颇为愉快。

　　年轻业务员不愿意和大家一样请客人吃饭、送花，他思考什么才是客人真正的需求。他为客人考虑到，由美国出来跑这么多国家，除了一两个月要穿的自身衣物之外，一定是携带了非常多的样品回美国，进行新一季的商品开发，一辆"奔驰"怎么载得下呢？

　　果然不出所料，就在客人离开台湾时，年轻业务员安排好的巴士在送客到机场时，又载了更多的行李。

　　年轻业务员解决了客人的困难，让客人留下了很深刻的印象，又利用在往返机场的途中加强对自己公司的介绍，可谓一举两得。

　　一纸合约就这样成了囊中之物了。

随时准备否定对手的意见以掌握主动权

多年以前，哈维·麦凯曾充当过一位很棒的美式足球员的免费经纪人。那位足球员叫 I·C·安得，当时有两支队伍在争取他——加拿大足球联盟的多伦多冒险者队以及国家足球联盟的巴尔的摩小马队。I·C·安得生在贫穷的黑人家庭中，兄弟姊妹连他共 9 人，真是穷得分文不名。情况很明显，麦凯先生一定得要为他争取到最好的待遇，而且得在两大老板间做好选择——一位是多伦多队的巴赛特，另一位是巴尔的摩队的罗森布伦，巴赛特是多伦多一家报社的老板，干得有声有色；罗森布伦从事服装业和运动业，着实赚了不少。两者有三个共同点：极有钱、极好胜、极精明。当然，麦凯也并非是泛泛之辈。

首先，麦凯让罗森布伦知道他要先跟多伦多队谈谈。见到巴赛特后，他果然出了个很吸引人的价码。就在这时，麦凯凭直觉告诉自己：快走，快离开此地，到巴尔的摩去。所以麦凯说："非常谢谢您，巴赛特先生。您开价这么高，我们一定会谨慎考虑。我们会再跟您联系。"

巴赛特则冷笑了一下，说："不过，我要补充一点，我开的价码只有在这房间里谈妥才算数，你一离开这房间，我就立刻打电话给巴尔的摩的罗森布伦先生，告诉他我对这个球员已经没有兴趣了。"尴尬地呆站一两分钟后，麦凯问："我可不可以和我的客户在隔壁房间商量一下？"要求照准。

麦凯想到房间中央那张桌子下面大概装有窃听扩音器，所以就把 I·C·安得拉到窗户旁低声跟他说："安得，我们一定要争取一点时间，马上赶到巴尔的摩去，就假装你受不了压力，精神崩溃了，或者我告诉他，我必须赶回明尼亚波利斯去交涉一些劳工问题。"

I·C·安得看着麦凯，好像麦凯已是精神崩溃发疯的人似的，那么大一笔钱啊！而麦凯居然拿他的前途开玩笑，I·C·安得是个十足的美国佬，可不是什么英国巨星劳伦斯·奥利弗。最后麦凯还是用处理劳工问题作为离开的借口。

麦凯说："巴赛特先生，今晚我一定得赶回明尼亚波利斯去协调一些劳工问题。I·C·安得这件事，还有很多要谨慎考虑的，我想明天再给您答复。"

巴赛特拿起电话。难道他要打电话给罗森布伦吗？好险！是打给他的秘书。他说："我们那三架小型喷气机在不在？派一架送麦凯和I·C·安得先生回明尼亚波利斯。"三架小型喷气机！就在麦凯身后，I·C·安得的呼吸已愈来愈急促。不过，这回麦凯先生可是又尴尬得手足无措了，既然已经厚着脸皮撒了这个瞒天大谎，又当场被逮住，没办法，只剩一条路可走了。

麦凯说："巴赛特先生，我想您也别麻烦打电话到巴尔的摩去了，这桩生意我们不做了。"

安得当时差点气病了。不过，次日，他们到了巴尔的摩，和罗森布伦签约，条件比巴赛特那边更好。

后来安得为巴尔的摩效力整整10年，也打进两回超级杯比赛。后来，罗森布伦把加盟职业队的权利卖给洛杉矶公牛队时，只带了一位球员跟着他到加州，那位球员就是：I·C·安得。

在这回谈判中，麦凯先生掌握了两项很重要的诀窍：第一是随时准备说"不"。第二是在谈判中，最有力的工具是掌握情报。巴赛特之所以希望I·C·安得在离开他办公室之前签约，只有一个原因：他准知道罗森布伦提供的条件比他要好。一个精明的商人单凭直觉就知道绝不能在那种情况下签约。

也许就是明天，你会很惊讶地发现：只要你掌握了说"不"的诀窍，你的谈判条件很自然会水涨船高。1986年，在美国有100家银行经营失败，你想，有多少家是因为没有拒绝不良贷款而倒闭的？

身为买方，你必须警觉到：卖方可是一直在算计着你，想办法一举成交。时间对卖方永远是不利的因素，对你可不是！时间拖得愈久，钱在你手上也愈久，你掌握交易条件的时间也会对你愈有利，因为你能掌握交易的条件。这就是为什

么卖方总在暗示你当机立断，现在就买，如果你不为所动，他们就会想法子让步。可是他们会怎么做呢，

　　如果卖方搬出"某某是我的老顾客，他就想要这个东西"类似的话来套住你，怂恿你下决心的话，这时你可别上当，得赶紧拿出对策来。学会说"不"，主动权会掌握在你手里！

对谈判全盘细节问题要胸有成竹

谈到细节问题固然重要，但通盘考虑却是谈判中所必须达到的要求，如果没有把握全局的能力，即使在局部取得胜利，往往到最后都是徒劳无功的。

下面，我们就以犹太人乔费尔的谈判个案来探讨一下犹太人对谈判全盘的把握。

首先，重视有关对手的各种情报。

犹太人非常重视情报，特别喜欢提问，正是他们这种执着而认真的精神，使他们对自己的业务或某一项谈判前的准备工作都不是一知半解。打破砂锅问到底，就是犹太商人谈判制胜的秘诀，尤其是在一些国际性的谈判中，犹太人更是非常重视情报。

荷兰犹太电器销售商名叫乔费尔，打算从日本的一家钟表批发商三洋公司进口一批钟表。在谈判的前两周，乔费尔邀请了一位精通日本法律的律师作自己的谈判顾问，并委托该律师提前收集有关三洋公司的情报。

于是，日本律师一边为乔费尔预订房间，一边着手对三洋公司进行调查，通过简单的调查，日本律师发现了许多耐人寻味的情况。例如，三洋钟表公司近年来的财务状况不佳，正在力图改善；这次和犹太人交易的主要商品旅行用时钟和床头用时钟，是承包给中国台湾和另外一个日本厂家生产制造的；三洋钟表公司属于家族型企业，目前由其第二代掌管，总经理的作风稳重踏实……

情报虽然不多，但很重要。例如，价格方面也许波动较大；如果有必要，也许犹太人可以直接从中国台湾的制造厂采购；总经理的为人信誉不错，一般还是遵守合同的。其中，关于该商品是由中国台湾生产这一条情报非常重要，这无异于在谈判中扣了一张底牌。

乔费尔到达日本后，立即开始和该日本律师磋商有关谈判的种种事项，讨论进行了十几个小时。该日本律师对乔费尔大加赞赏，因为许多请他当顾问的商人到日本后，往往匆匆交换一下情况，便急忙地去游览或逛东京；要么就像大多数美国人一样，心里早有主张，根本无心听别人的意见。

乔费尔的作风却大不相同，他坦言自己对日本几乎是一无所知，所以希望先了解一下日本工商界的大致情况，然后又针对合同的几个细节提出法律上的疑问并分别加以研究。乔费尔在和律师谈话时，对日本的民族文化特别关注，并认真地作了研究，在谈判中一旦遇到障碍，往往会陷入沉默，很少主动提出替代方案。

最后，乔费尔和律师商定，对于商品的单价、付款条件，以及其他细节都以乔费尔临场酌情判断。接下来，日本律师又和乔费尔从荷兰带来的律师研究两国的法律差异。

其次，巧妙设置谈判陷阱。

乔费尔与三洋公司的谈判即将开始，三洋公司草拟了一份合同，乔费尔和两位律师经过商谈后，决定围绕这份合同展开谈判策略。

在三洋公司提出的合同草案中，有一条是关于将来双方发生纠纷时的仲裁问题，三洋公司提议在大阪进行仲裁，解决纠纷。

这里需要提醒一下，代理销售这一类的合同发生纠纷的原因，一般是拒付货款或产品有质量问题两类。一旦出现纠纷，双方最好通过协商解决，打官司是万不得已的办法。当然，还有一种方式是事先在合同中明确约定双方都认可的仲裁机关。目前，世界上许多国家都设立了专门处理商业纠纷的仲裁机构，诉讼和仲裁的目的虽然相同，但结果却明显不同。仲裁无论在哪个国家进行，其结果在任何一个国家也有效。而判决就不同了，因为各国的法律不同，其判决结果也只适用该判决国。也即是说，日本法院的判决在荷兰形同废纸，荷兰法院的判决在日本也形同废纸。

现在乔费尔的思考重点是，本合同是否可能发生纠纷？发生纠纷的原因会是什么？究竟是进行仲裁还是提出诉讼对己有利？

对乔费尔来说，一般容易发生的麻烦是收到对方的货物与要求质量不符，但由于草案中双方议定的是先发货后付款，那么一旦货物有质量问题，乔费尔完全可以拒付货款。那时三洋公司就会以货物符合质量要求而诉讼。这样，一旦出现此种状况，在日本仲裁对乔费尔就会非常不利，但若将仲裁地改在荷兰，三洋公司自然会反对。那时双方出现的第一个争执的矛盾焦点将会是此问题，为此乔费尔提出如下主张：

"我们都知道仲裁的麻烦，都不愿意涉及仲裁，但为了以防万一，不妨就请日本法院来判决。"

这时想必各位看出了乔费尔的圈套和策略，假若双方一旦出现纠纷，日本法院的判决在荷兰形同废纸，即使是打赢了官司，也根本执行不了。这样，将来真的出现纠纷，乔费尔干脆不出庭都可以，连诉讼费都省下了。若这一提议能通过，乔费尔自然占了上风。

设计好这一陷阱后，乔费尔和日本律师轻松地游览去了。

再次，控制谈判进程。

谈判开始了，乔费尔首先作了简短的发言：

"虽然我曾去过许多国家，但来到美丽的日本更使我高兴。

"贵公司的产品质量可靠，很有发展潜力，若能打开欧洲市场，对我们双方都很有利。所以我很希望双方能够完成这项合作。"

致辞虽然简单，但让日本人听了非常高兴。其实，这正是乔费尔巧妙控制谈判程序的第一招。

日方的几位代表年纪都比乔费尔大，显得很稳健，只是礼貌性地寒暄了几句。接下来的谈判自然也很顺利，诸如钟表的种类、代理地区、合同期限等事项，几乎没有多大分歧。

事实上这种情况正是乔费尔所希望的，并且也是他刻意先挑出这些小问题来讨论的。先从容易解决的问题入手，这正是谈判的基本技巧之一。因为谈判刚开始，彼此尚较陌生，存在一些戒心，一下直接谈焦点问题，若分歧较大，谈判就很难进展下去。而由易渐进，既容易加深双方了解，又容易稳定双方情绪。一旦大部分条款达成共识，只个别一两个问题有矛盾，双方都会共同努力，因为任何人都不愿意做前功尽弃的事。

（1）虚晃一招，暗中刺剑。

谈判遇到了第一个波折。按照三洋公司的意见，一旦他们的钟表在欧洲销售时遇到侵犯第三者的造型设计、商标或专利纠纷时，他们将不承担责任。

乔费尔则不能接受对方的意见，因为某家公司控告其设计有相似或模仿之嫌的事很可能发生，倘若真的发生，完全由自己承担全部诉讼费和因无法销售而造成的损失，那也太苛刻了，尽管发生这种事的危险性并不大。

这一点，三洋公司寸步不让，而乔费尔之所以提出此事，实际上是为后面价格的讨价还价埋下伏笔。因为对方在这一点上不让步，其他地方上不能总不让步。

谈判时议程的安排对结果有很大影响，许多人总是被这种聪明人牵着鼻子走。这次谈判中，倘若一开始便讨论价格问题并定下来，那么乔费尔就会少掉一个牵制对方的筹码。

果然不出所料，日方公司可以保证他们的产品质量，但要保证其产品与其他厂家不相似，是无论如何也不答应。

于是双方僵持了很久，乔费尔提出了第一方案：

"一旦出现这种情况而又败诉的话，我方的损失有两部分，一部分是诉讼费，一部分是赔偿费。我方可以承担诉讼费，贵方能否承担赔偿费？"

"不行。"

"那么，双方各承担全部损失的一半如何？"

"不！"日本人仍然非常干脆，这时候谈判气氛开始有点紧张。"既如此，贵公司承担的部分以 5000 万日元为限，剩余部分无论多少，概由我方承担。"

三洋公司仍是一口拒绝。三洋公司的做法是典型的日本作风，即只是一味地不让步，从不提解决的办法，而对方一旦提出新方案，却又摇头拒绝。

乔费尔又失望地说：

"我方可保证每年最低 1 亿日元的销售量，贵方承担的限额降为最多 4000 万日元。"

日方代表的态度终于有所动摇，因为谈判中总不可能老是摇头，岂不是没有诚意的表现？但经过思考后，答案仍然是"不"。

那么，乔费尔为何明知对方不让步，却偏要紧追不舍呢？

其意图如下：其一是故意为谈判铺设障碍，因为谈判若过于一帆风顺，对方会产生怀疑；其二，故意让对方在这个小问题上不让步，从而使其产生心理负担，也好在重要方面让步。这时，乔费尔毫无办法地勉强耸肩，说这回遇上了强劲敌手，语句中大有奉承之意。然后，突然话锋一转：

"本人对耗费大量精力的仲裁方式从来就没好感，据我所知，日本的法院非常公正，因此我提议今后若有纠纷，就由日本法院来判决。"

这下，日方公司非常爽快地答应了。这正是乔费尔的陷阱，而日方之所以如此爽快，一是因日方不清楚有关法律，误以为在本国打官司对己有利；二也可能是出于对自己老是摇头的态度而不好意思。

既然对方已中计，乔费尔大功基本告成，没必要为前面的问题费更大的口舌，于是乔费尔便提出了折中的办法，即一旦将来发生纠纷，三洋公司也得承担部分责任，但具体负担金额届时再定。

对此，三洋公司当然欣然同意。

在这场谈判中，表面上乔费尔一再让步，显得被动，也显示了自己对谈判的诚意，实质上是一串虚招里藏着的一把利剑，最后对方终于中计。

（2）用"感情"和"利害关系"说服对方。

最后一个问题就是价格问题。起初，日方的要价是单价为2000日元，乔费尔的还价是1600日元，后日方降为1900日元，乔费尔增至1650日元，谈判再一次陷入僵局。

为此，乔费尔又提出种种方案，诸如，原订货到4个月付款可改为预付一部分定金，或将每年的最低购买量增至1.5亿日元，或拿出总销售额的2%作为广告费等。

但三洋公司的态度仍旧很强硬，表示绝不考虑1900日元以下的价格。谈判只好暂停。

下一轮谈判一开始，乔费尔首先发言：

"这份包括24项条款的合同书，是我们双方用半年多的时间草拟的，又经过诸位几天的讨价还价才达到了双方几乎全部同意的结果，现在仅仅为了最后的单价的几百元的差距，而将前功尽弃，实在是太可惜了。

"大家很明白，价格高销售量就会减少；价格低销售量自然会增加，而我们的利益又是一致的，为什么不能找出一个双方都能接受的适当价格呢？"

接着他以非常温和的方式打出了早已准备好的王牌：

"对于我方来说，涉足新市场的风险很大，贵方的产品，对于欧洲人来说又是很陌生的，我方很难有击败竞争对手的把握。

"经过几天的谈判，诸位可以看出我方的合作诚意，然而贵方开出的单价，实在是太高了。我相信，按我为对方开的价，一定能从中国台湾或中国香港买到同样质量的产品。当然，我并未想去别的地方采购，但最起码我们从贵方的进货价不能比别的地方高得太多。"

这番婉转的以"感情"和"利害关系"为手段的话，很具有说服力，并暗含着若对方再不答应，他便和其他厂商合作的威胁之意，日方不得不慎重考虑。

（3）适当的时候就用"最后通牒"法。

"现在，我方再作一重大让步，那就是 1720 日元这个数。在价格上我这方面已完成了这份合同，以后就看贵公司的态度了。现在我们先回饭店准备回国事宜，请贵方认真考虑，两小时后我们静听贵方的佳音。"

说完，乔费尔和两位律师站了起来。日方公司的总经理赶忙打圆场，表示何必那么着急，但却被乔费尔以微笑而坚决的态度婉言拒绝了。显然，他下了不惜前功尽弃的赌注。

其实这又是一个基本谈判技巧，乔费尔正是以借回国名义发出"最后通牒"，以图打开僵局。当然，三洋公司是否同意，完全取决于自己，并无什么真正的威胁。但乔费尔的话表明了他决不让步的态度，从而给对方造成压力，若再不答应，谈判就可能破裂，从而被迫让步。

结果，日方果然又中了计，两小时后，三洋公司的常务董事说：

"先生的价格我方基本接受了，但能不能再增加一点儿？"

乔费尔沉默许久，掏出计算器按了一会儿，终于又拿起合同，将先前的数字改为 1740 日元，然后微笑地说：

"这 20 日元算是我个人送给贵公司的优惠吧。"

（4）节外生枝依然大功告成。

在合同签订后的三年中，双方的交易似乎很顺利，但突然却出现了一个意想不到的纠纷，美国的 S 公司声称三洋公司的产品与该公司的产品颇为相似，于是乔费尔迅速派律师做了调查。

原来，三洋公司曾为 S 公司制作过一批时钟，乔费尔的产品正是以那批产品为蓝本略作修改制造的，自然十分酷似。因此，S 公司一方面要求乔费尔立即停止钟表销售，另一方面又要求得到 10 万美元的赔偿。

但三洋公司对此事件的态度却十分消极，一直拖了 4 个月未作明确答复。于是，乔费尔只好停止了钟表销售，并答复 S 公司，请他们直接与三洋公司协商处理此事。

这件事的麻烦自然在三洋公司，但由于三洋公司的态度，引发了乔费尔拒付拖欠三洋公司的 2 亿日元的货款。

于是，三洋公司气势汹汹地来找乔费尔，他们认为盗用钟表款式是一回事，乔费尔的欠款又是另一回事。但乔费尔却认为，三洋公司的行为使他无论在经济上还是名誉上都蒙受了巨大损失，理应由三洋公司赔偿。乔费尔的话当然有其合理性，因为三洋公司毕竟是把稍加改动的同一产品卖给了两家公司，自然算是一种欺骗行为，并严重地损害了乔费尔的利益。

双方又扯皮一段时间，仍无实质性进展，直到某一天，三洋公司给乔费尔打去电话，声称他们决定向大阪法院提出诉讼。

乔费尔的律师作了回答：

"是吗？恐怕不久您就会明白这种诉讼毫无意义。"

"首先，在日本法院向荷兰公司提起诉讼必须经过繁杂的手续。您得先向日本法院提出起诉状，由日本法院呈到日本外交部，再由日本外交部转呈荷兰外交部，然后再送到荷兰法院，最后才由荷兰法院通知乔费尔应诉，光是中间传递起诉书就得至少半年时间，等打完了官司大概得好几年。即使是官司打完了，日本法院的判决在荷兰也形同废纸。"

其实，三洋公司还不明白其中的道理，不久带了一位律师去了乔费尔的日本律师处，扬言要去荷兰打官司。

乔费尔的律师不慌不忙地说："合同书上规定了以大阪法院为唯一裁决所，所以即使您到了荷兰，恐怕荷兰的法院也不会受理。"

"这岂不太荒唐了吗？"三洋公司的总经理气急败坏地看了一眼自己的律师。

"这种可能性很大。"那位律师坦白地承认。

时间又过了三个月，法院没有丝毫动静，三洋公司的总经理这才明白中了乔费尔的圈套。但他仍不灰心，考虑只要能够诉诸法律，一定会对自己有利，因此一直不愿意私下和解，双方你来我往地频发电传，却毫无进展。眼见这种情况，于是乔费尔的律师打出了最后一张王牌。

"总经理，就算我对法律条款的理解有错误，假设日本法院的判决在荷兰同样有效，贵公司依然无法在乔费尔那里得到一分钱。也许您也知道，欧洲大部分国家的税收极重，所以许多人便到税收较轻的荷兰办起了'皮包公司'。这些公司的一切都装在老板的皮包里，没有任何实际资产。乔费尔的公司也是荷兰的皮包公司，公司的钱放在哪里只有乔费尔知道。或许放在瑞士银行……"

这下可击败了三洋公司的总经理，毫无办法，只能听凭乔费尔的摆布。最后，双方商定由乔费尔付三洋公司4000万日元的欠款，其余1.6亿日元的欠款抵作赔偿金。无疑乔费尔取得了绝对胜利，三年前的圈套得以实现。

出其不意的特殊口才技巧能够扭转乾坤

谈判以互利互惠为目标，以洽谈磋商为手段，以认可合作、签约成交为终结。但谈判又是一种竞争，其结果的"互利"并非均等式的"二一添作五"。谈判结果各方满意的程度又常常以双方的优势、实力、经验对比为转移。因此，当我们在谈判中感到某些于己不利的困境时，必须善于采取一些出其不意的特殊口才技巧，扭转原来的危机，并从中谋求更多原先求之不得的利益。

培训出奇口才的方法有如下几种：

1. 亮底求变法

就是出其不意地撇开原来已谈妥的事项，通过亮出己方的客观困难、局限性，请对方承诺我方的新要求。新的要求虽然似乎显得有点不守信用，但因我方不是以翻脸不认账的强硬态度出现，而是以我方的客观困难为据，作了合情合理的解释，有时是会获得一定效果的。其原因有二：一是谈判本来对对方较有利，对方更急于达成协议，他们出于"惜失心理"有可能被迫重新作出某种程度的妥协来保住前边的谈判成果；二是人类常有某些帮助弱者实现某种愿望的自炫心理，这种"亮底求助"法用得好，能引发对方的这种心理，让对方既表现了商务上的最大实力与宽宏气魄，又表现了维护合作、目光长远的卓越见识，他们有时候是会欣然接受的。

2. 车轮战术

这种战术往往是在谈判中段，处于形势不利的一方为了扭转局面而采用的手法。

比如，由于己方因原先考虑不周，作了某些不当的承诺；或者双方的谈判陷入僵局，我方又说服不了对方；或对方眼见形势有利，急于成交，咄咄逼人，我方难以招架之时。使用此法者抓住对方此时急于求胜、害怕节外生枝的"惜失心理"，有意制造或利用某些客观原因，让上级适时召回或撤换原先的谈判负责人或某些重要成员，让另外一个身份相当的人替代，并利用其作为新介入者的有利条件的特殊情况，改变谈判局面，使之朝着于己方有利的方向发展。其具体策略是：

（1）如果需要撤销前边于己不利的允诺，替补者可以用新的负责人的身份，作出新的有理有据的分析，否定前任所作让步与承诺的不合理性，提出新的合作方案。

（2）如果需要打破僵局，替补者可以避开原来争吵不休的议题和漩涡，另辟蹊径，更换洽谈的议题与角度；也可以继续前任的有利因素，运用自己的新策略，更加有效地促使对方作出新的让步；还可以以对方与前任矛盾的调和者身份出现，通过运用有说服力的资料、例子，去强调所谓公平、客观的标准与双方的共同利益，使大事化小、小事化了，以赢得被激怒的对方的好感，为下面谈判的正常化打下基础。

（3）如果对方成交心切、咄咄逼人时，替补者出现后可以利用对方怕拖、怕变的心理压力，以新的分析为依据要求谈判重新开始，从而迫使对方改变态度，为了维护原方案的主要利益而主动作出新的让步。

事实上，在车轮战术中，替补者是有其特殊的优势和作用的。因为他借助前任的努力，已比较了解对方的长短之处与特点，可谓知己知彼，而对方对我方替补者则一无所知；另一方面替补者虽然也是己方代表，但他与前任毕竟又是两个人，他对前任的意见比较容易找出理由来作出不同见解。这样，他"进"可以凭借原有成果，继续扩大；"退"则可以把责任往前任身上一推而另起炉灶；还可以打扮成"协调者"来提出实际上仍有利于己方的"合理化建议"。

3. 软硬兼施法

就是在谈判中遇到某些出乎意料但又必须马上作出反应的问题，或在某些问题上对方完全应该让步却偏偏不肯让步，从而使谈判陷入僵局的情况下，我方的负责人（或主谈者）找一个借口暂且离开，然后由事先安排充当"硬相"（又称"黑脸者"）的谈判者披甲上阵，佐以在场副将（又称"胁从者"），以突然变得十分强硬的立场与态度，与对方展开唇枪舌剑的较量。死磨硬缠，寸步不让，从气势上压倒对方，给对方造成一种错觉：今天换上这批"凶神恶煞"，看来只好自认倒霉！从而迫使对方无可奈何地开始表示愿意考虑让步；或者诱使对方在怒中失言失态。

一旦"硬相"的"拼搏"取得预期效果时，原先的负责人应及时回到谈判桌上，但不必马上表态，而是让己方的"调和者"（原先有意不介入"拼搏"）以缓和的口气和诚恳的态度略述刚才双方的矛盾，然后我方负责人根据对对方心态的分析，以"软相"（又称"白脸者"）的姿态，以协调、公允的口吻，诚恳的言辞，提出"合情合理"的条件（往往高于或等于原定计划），使对方刚才"失势"。时颓丧恼怒的心态得到某种程度的缓解与补偿而乐于接受。

在这过程中，如果有必要，作为"软相"的负责人甚至应辅以对己方"黑脸者"粗鲁言行的批评训斥，以顾全对方的面子，并向对方致歉。这样，在一"软"一"硬"两班人马的默契配合、交替进攻之中，我方正好摆脱困境，重新掌握主动权。

4. 权限抑制法

权限抑制法就是假如在谈判中发觉形势对己方太不利，想借故使谈判搁浅以求转机；或对己方已承诺的条款感到太亏，想改变条款；或者想让得势的对方在急于求成的情况下遇到挫折，降低期望值的程度而作出让步，实施者出其不意地将并不在谈判桌上的"上级"或"第三者"抬出来，声称某些关键的问题谈判者无权决定，需请求上司或者有关主管部门审批；或者以请求委托者批复为借口，把矛盾转移到非谈判者身上，使谈判搁浅，让对方除了被动地等待别无他法。然后，借口上司或有关委托者认为对方条件"太苛刻"，不予批准等理由，迫使对方作出让步。

面对这种情况，对方只有两条路：要么作出适当让步来达成协议；要么退出谈判，使谈判前功尽弃。由于大多数谈判者都不甘心因小失大，只好以退让求成交，这就是权限抑制法的效果了。

5. 最后通牒法

在谈判中，假如对我们比较关键的某些要求对方坚决不作退让时，或者为了降低对方过高的期望值，加速对方的让步；或者为了试探对方的诚意、权限等，向对方发出己方不能再作让步或再等待的最后声明，就是最后通牒法。

这种策略由于态度比较鲜明、干脆，对于降低对方的期望值，增加对方害怕失去这笔生意的心理压力，促使对方全部或部分接受我方的条件都是很有效的。

应当记住，上述几种方法都是在己方处于被动困境下不得已而采用的特殊方法，其目的只在于摆脱困境以使谈判结果中我方获利的分量有所增加。而不在于欺骗对方以谋非分之利。所以在正常情况下切不可滥用这些方法。

知己知彼，洞悉对手意图掌握谈判主动劝

　　谈判活动本身具有空间上的系统性和时间上的连续性。因此，在谈判调查活动中，搜集资料也要求能够反映谈判活动的变化状况及其过程转化的特征，要注意跟踪调查，全面反映谈判对手的概况。作为谈判调查的工作人员必须具备良好的素质，有较为敏锐的洞察力和判断力，对于搜集到的信息数据要按一定的方法和程序进行分类、计算、简录和编写，使之成为一份真实可靠的谈判档案。

　　总而言之，凡是与谈判有关的信息数据都应在搜集研究的范围之内，宁可想到不用，不可有用而忽略。只有对有关的信息数据搜集齐全，并研究深透，谈判时才能进退自如，游刃有余，而不会被对方所左右。请看下面的例子：

　　某冶金公司要向美国购买一套先进的组合炉，派一名高级工程师与美国方面谈判。工程师为了增加谈判筹码，事先查找了大量有关冶炼组合炉的数据，并花了很大精力调查，弄清了国际市场上组合炉的行情及美国这家公司的历史与现状。在谈判过程中，他利用手中的数据信息把美方开价的150万美元杀价为80万美元。在谈判购买冶炼自动设备时，美国开价230万美元，经过讨价还价压为130万美元，但该工程师仍不为所动，坚持出价100万美元。美方有意摆出最后的姿态，表示不愿谈了，并表示明天就回国。而该工程师微微一笑，把手一伸，做了一个优雅的请的动作。眼看着美国商人走了，冶金公司的其他人着急了，甚至埋怨不该那么寸步不让。工程师说："放心吧，他们会回来的。同样的设备，去年他们卖给法国只有95万美元。国际市场上这种设备的价格100万美元是正常的。"不出所料，一星期之后，美国商人又自动回来了。这时该工程师开诚布公地点明了他们与法国的成交价格，于是美方不敢再要花招，只得说："现在物价上涨得厉害，比不

得去年。"该工程师说："每年物价上涨指数没超过 6%，一年时间，你们算算，该涨多少？"美国商人被问得哑口无言了，在大量的材料和事实面前，美方不得不妥协，最终以 101 万美元成交。试想，如果这位工程师没有掌握这些与谈判有关的大量数据信息，美方能妥协吗？

有个著名的谈判专家说过，一切谈判的结果其实在谈判前就已见分晓。他的说法有点绝对化，没有顾及谈判中的许多变数，但却着重强调了谈前有关准备的重要性。

知己知彼、百战不殆，不打无准备的仗，谈判中任何主张都离不开资料的佐证。与其作无谓的争辩，不如在谈笑间以资料说话，和气谈判。

恭维顾客，让顾客心情舒畅自我感觉良好

玛丽·凯化妆品公司的创始人玛丽·凯·阿西在她的畅销书《玛丽·凯论人事管理》里面写道："每个人都与众不同！我真的相信这一点。我们每个人都会自我感觉良好，但我认为让别人也这么想同样重要。无论我见到什么人，我都竭力想象他身上显现一种看不见的信号：让我感觉自己很重要！我立刻就对此做出反应和表示，于是奇迹出现了。"

这就难怪玛丽·凯能够成为美国历史上最成功的女商人之一。她懂得如何让别人自我感觉良好，从而达到推销的目的。

我认为这实际上就是去设法让人们知道你对他们真的很感兴趣。譬如，当一位满身尘土、头戴安全帽的顾客走进来的时候，我就会说："嗨，你一定在建筑行业工作吧。"很多人都喜欢谈论自己，于是我尽量让他无拘无束地打开话匣子。

"您说得对。"他回答道。

"那您负责什么？钢材还是混凝土？"我又提了一个问题想让他谈下去。

我记得有一次，当我问一位顾客做什么工作时，他回答说："我在一家螺丝机械厂上班。"

"别开玩笑……那您每天都做些什么？"

"造螺丝钉。"

"真的吗？我还从来没见过怎么造螺丝钉。哪一天方便的话，我真想上工厂看看，您欢迎吗？"

你瞧我做了些什么？我只想让他知道我重视他的工作。或许在这之前，从未有谁怀着浓厚的兴趣问过他这些问题。相反，一个糟糕的汽车推销员可能嘲弄他

说："你在造螺丝钉？你大概把自己也拧坏了吧，瞧你那身皱皱巴巴的脏衣服。"

等到有一天我特意去工厂拜访他的时候，看得出他真是喜出望外。他把我介绍给年轻的工友们，并且自豪地说："我就是从这位先生那儿买的车。"我呢，我趁机送给每人一张名片，正是通过这种策略，我获得了更多的生意。

当我的一位客户光顾我的生意时，即使我们已有五年没有打过交道，我也要让他感到我们似乎昨天刚见过面，而且我真的很想念他。

"哎呀，比尔，好久不见。你都躲哪儿去了？"我微笑着、热情地招呼他。

"嗯，你看，我现在才来买你的车。"他抱歉地对我说道。

"难道你不买车，就不愿顺道进来看看、打声招呼？我还以为我们是朋友呢。"

"是的，我一直把你当朋友，乔。"

"你每天上下班都经过我的展销室，比尔，从现在起，我请你每天都进来坐坐，哪怕是一小会儿也好，现在请跟我到办公室去。告诉我最近你在忙些什么。"

或许当你走出一家饭店的时候，你会对身边的同伴说："我再也不上这儿吃饭了。"那么你知道饭店的名气是怎样建立起来的吗？答案正是客人们的那张嘴，因为一个人会对另一个人说这家饭店的服务如何如何好。这个国家的著名饭店都会提供热情周到的服务，甚至连那些在厨房里忙碌的员工也会注意让用餐的客人吃得满意。

我也想让我的客人心满意足地离开我的办公室，就像客人心满意足地离开那些大饭店一样。

我记得曾经有一位中年妇女走进我的展销室，说她只想在这儿看看车，打发一会儿时间。她说她想买一辆福特，可大街上那位推销员却让她一小时以后再去找他。另外，她告诉我她已经打定主意买一辆白色的双门箱式福特轿车，就像她表姐的那辆。她还说："这是给我自己的生日礼物，今天是我55岁生日。"

"生日快乐！夫人。"我说。然后，我找了一个借口说要出去一下。等我返回的时候，我对她说："夫人，既然您有空，请允许我介绍一种我们的双门箱式轿车——也是白色的。"

大约15分钟后，一位女秘书走了进来，递给我一打玫瑰花。"这不是给我的，"我说，"今天不是我生日。"我把花送给了那位妇女。"祝您福寿无疆！尊敬的夫人。"我说。

显然，她很受感动，眼眶都湿润了。"已经很久没有人给我送花了。"她告诉我。

闲谈中，她对我讲起她想买的福特。"那个推销员真是差劲！我猜想他一定是因为看到我开着一辆旧车，就以为我买不起新车。我正在看车的时候，那个推销员却突然说他要出去收一笔欠款，叫我等他回来。所以，我就上你这儿来了。"

我想你一定猜得到她最终并没有去买福特，而是从我这里买了一辆雪弗莱，并且写了一张全额支票。我讲的这个小故事是不是给了你一些启发呢？当你让客户感到很受重视的时候，他们甚至愿意放弃原来的选择，转而购买你的产品。

对症下药针对别人的需要效果好

一个秋日的上午，法兰克进了费城一家大食品店的经理办公室，打算向约翰·斯科特先生推销保险。他的儿子哈雷问："我爸很忙的，你预约了吗？"

法兰克回答说："没有，不过，你爸爸曾向我们公司索要过一些材料，我是听了他的电话后来送材料的。"

哈雷说："你来得也许不是时候，我爸爸的办公室里已坐了三个人等着谈事……"

正在这时候，斯科特先生走了出来，哈雷便说："爸爸，还有个人要见你。"

斯科特先生问道："就是你吗，年轻人？"

法兰克跟他进了他的办公室，开始了谈话。

"斯科特先生，我叫法兰克。您曾向我们公司要一些材料，现在给您送过来了。这里面有您签名的名片。"

"年轻人，你们公司不是答应给我准备一些商业文件吗？这并不是我要的材料呀。"

"斯科特先生，您要的那些商业文件并没有让我们公司多卖出几份人寿保险。不过，这些商业文件还是为我提供了接近您的机会。请允许我用少许时间给您讲一讲人寿保险，好吗？"

"啊，你知道，我很忙，办公室里还坐着三个人呢，你跟我谈人寿保险纯粹是浪费时间，你看，我已 63 岁，早几年就不再买保险了，以前买的保险已经开始偿付。我的儿女已经成人，他们能够照顾好自己。现在，只有妻子和一个女儿和我一起住，万一我有什么不测，他们也有足够的钱来舒服地生活。"

"斯科特先生，像您这样事业有成的人，在事业或家庭之外肯定还有些别的兴趣，您是否想过等您百年之后这样由您资助的事业就无法正常维持下去了？"法兰克一边说，一边看斯科特先生。他没有回答他的问题，但他等着法兰克继续往下说。

"斯科特先生，通过我们的计划，不论您是否健在，您资助的事业肯定会维持下去。7 年之后，假如您还在世的话，您每月将收到 5000 美元的支票，直到您去世，这将是一大笔钱。如果您不需要，自然可以随便处置；如果您需要的话，那可真是雪中送炭了。"斯科特先生抬腕看了看表，说："如果你能等一会儿，我很愿意问你几个问题。"

大约 20 分钟后，斯科特先生让法兰克进了他的办公室。

"你叫什么？"

"法兰克。"

"法兰克先生，你刚才讲到了慈善事业。不错，我资助了 3 名尼加拉瓜的传教士，为此每年花费很多，这件事对我很重要。你刚才说什么如果我买了保险，那 3 名传教士在我死后仍能得到资助，究竟怎么回事？你还说倘若我买了保险，从现在起 7 年后，每月便能得到 5000 美元的支票，我要花多少钱？"

"6672 美元。"

"不，我花不起那么多钱。"

紧接着，法兰克把问题引向他的兴趣所在。法兰克问他传教士的事情，他很乐意回答。他告诉法兰克他一直没有机会去看他们，这件事由他在尼加拉瓜的儿子和小姨子来照应，他打算今年秋天去尼加拉瓜看那 3 位传教士。他还向法兰克讲了其他一些有关传教士的事。

法兰克抱着浓厚的兴趣听完他的讲述，说道："斯科特先生，您去尼加拉瓜时是否要见您的儿子和他的家人？现在，您已做出妥善安排，即使您发生不测，他还可以按月收到支票，而不至于发生青黄不接的情况。而且，您还可以把这个消息告诉那些外国传教士。"

终于，斯科特先生被法兰克说服了。他买了 6672 美元的保险。

法兰克把那张 6672 美元（约相当于 1996 年的 108753 美元）的支票紧紧地

抓在手里，走出了办公室。啊，法兰克简直要飞起来了。回公司的路似乎很长，法兰克也像一直做着长长的噩梦。就在两年前，法兰克还希望得到一份船员的工作。可现在，法兰克竟做下了公司有史以来最大的一笔人寿保险生意。

法兰克激动得连饭也吃不下，直到第二天凌晨才睡着。法兰克永远不会忘记这激动人心的一天，1920 年 3 月 3 日。这一天，法兰克是全费城最兴奋的人。

几周之后，波士顿举办全州性推销大会，法兰克应邀前去演讲。完了之后，全州著名的推销员克雷拉·M·霍思西克走上前来向法兰克祝贺。这位年龄几乎两倍于法兰克的人告诉法兰克一些事，让法兰克在以后的日子里体会到那是与人相处的秘诀。

他说："我一直很疑惑，你怎么能肯定你可以卖出那份保险？"

法兰克问他说话的用意。

他向法兰克解释道："你知道吗，推销的秘诀在于找到人们心底最强烈的需要并帮他们设法满足这种需要。刚见到斯科特先生，也许你并不了解他究竟需要什么，你只是碰巧发现了他的需要，接着你设法帮他得到自己的所需。你当时不断地谈论、不断地提出问题，使他一直围绕着自己的所需。如果你想让推销变得容易起来，就得永远记住这一原则。"

整整 3 个月，霍思西克先生所说的话在法兰克耳畔绕来绕去。除了他的话，法兰克什么都没想。他说得多好啊！法兰克虽然把保险卖了出去，却不知道为什么能推销成功。倘若没有霍思西克告诉法兰克那笔生意何以成交，法兰克可能还蒙在鼓里，接下来的几年还是糊里糊涂。法兰克用心琢磨霍思西克先生的话，渐渐明白了以往的推销为什么那么艰辛。因为法兰克只想多卖出几份保险多赚点钱，忙于讨价还价，却从不为顾客着想。在波士顿，法兰克学会了新的哲学——站在客户的立场考虑。这个概念促使法兰克更多地为约翰·斯科特先生着想。

约翰·斯科特从爱尔兰来到美国那年才 17 岁，起初在一家杂货店干活，后来经过毕生努力，在东部开了美国最好的一家副食商场。这样的人对自己的事业肯定情有独钟。那里寄托了他的一切，他怎么会不希望自己的事业在自己死后继续下去呢？

回到费城后，法兰克用将近一个月的时间，协助约翰·斯科特先生弄出一份事业计划。这份计划将斯科特先生的女儿和 8 个店员与斯科特先生的企业紧紧地联在一起。

后来，在一次费城创建商俱乐部的午餐会上，约翰·斯科特先生情绪高昂，对满座的名商巨贾发表了简短有力的讲话。末了，他谈到法兰克帮他搞的那份计划，不无得意地说："我最牵挂的两件事——我的企业和我建立的国外传教士团——已无后顾之忧了。"

法兰克为在座的各位重要人物都办理了人寿险和相应的财产险。那些大腕们购买的数额都跟斯科特先生差不多。一天时间，法兰克所赚的钱比过去 8 年的总和还要多。

就在那一夜，法兰克彻底明白了霍思西克先生的言语具有多么神奇的力量。在此之前，法兰克终日所想不过是多卖保险来糊口，而现在真正领悟了成功的真谛：

需要是销售的源泉，找到人们需要什么，帮助他们得到它，那么你就将得到你想要的东西。

第二章

批评的话委婉说，忠言也可以不逆耳

生活需要真诚的赞美也需要善意的批评

批评与被批评在生活中很常见。批评他人往往因为对方的言行在某些方面不得体，但批评本身也有可能是一种不得体的行为。批评得不得体可以在诸多方面有所体现，但最主要的就是批评的话说不到点子上，结果被批评的人非但不服，还会通过一些过激的行为向批评者发起挑战。要把批评的话说到点子上，就要多用点心，整理一下自己的思绪，不能想说什么就说什么，也不能不分场合地乱说。批评的目的很简单，就是让对方心服口服，并且自愿进行行为矫正。紧盯这一目标，分门别类地把批评的话对准不同的人，就能收获你想要的效果。

俗话说："人非圣贤，孰能无过？"与人相处共事，不可能永远一帆风顺，总会有人出错并需要你指正的时候。但这个"过"怎么指正，也是一门大有学问的艺术。批评他人一定要讲究策略，任何因一时冲动而口无遮拦的行为都是愚蠢的。我们要真诚地赞美，更要善意地批评。

史密斯先生19岁的侄女约瑟夫高中毕业后离开她在加州的家，到纽约做史密斯先生的助手。约瑟夫刚去时，因为对商业常识以及生意上的事不了解，犯了很多错误。一次，史密斯先生真想狠狠地批评她几句，但转念一想，她还太年轻，阅历尚浅，不应该过于苛求她，便改用一种比较温和的方式对她说："你现在做错事是在所难免的。我在你这个年龄的时候，做的错事比你还多，但随着年龄的增加，我的才干也在一天天地增长，相信你也可以做到的，对吗？"

先承认自己的不足，再指出对方的错误，会令人比较容易接受你的批评。

一个人要是做错了事，只有当他主动告诉你时，才会坦白承认错误；如果你主动提出对方的错误，那么他一定会找出各种理由进行辩解。所以批评他人一定要讲究方法，而且态度要诚恳，重要的是一定要抱着善意的目的。比如，有些人做了错事，心里面对自己的行为原本已经感觉很惭愧了，时刻都会受到良心的谴责，此时若不能体谅他，反而苛刻地攻击他的错误，试想，他会产生怎样的心态？

虽然批评者出于好意，但对方却不接受，非但不改，反而变本加厉。所以，这种批评方式多半会失败。

比如，某公司的一位职员上班经常迟到，上司若是当面对他这样说："你到底是怎么回事，这公司也不是你家开的，怎么可以想怎么样就怎么样，你这种无视公司规章制度的行为，应该好好反省反省吧。"

如果换个说法，比如这样讲："我相信你内心里面肯定也认为迟到是不应该的，如果你能坚持这种正确的看法，相信在不久的将来，你定会发现准时上班的乐趣。"这样的说法，或许更能让对方接受。

如果用言语刺伤了他人，即便说得再多，他也会无动于衷；相反，若能够先肯定对方，再说出自己的意见，这将比任何威胁的话都管用。

工作时，难免会接触到不认识的人，此时最困难的就是不了解对方的为人，他的工作态度怎样，这对工作的顺利开展很不利。此时，若能以和缓的语气说出不会让对方认为是严厉的指责，就很容易让对方接受。比如可以说："你的心地太善良了，所以经常吃亏。"虽然意在指正他的缺点——不懂沟通，以致被别人拖累进度，但对方听起来就像是在夸他的优点。也可以这样说："你做事太过于慎重了。"其实是想劝他别太较真，不可能事事都完美。这些话即便对那些交情不深的人说，对方也可能会这样想：这个人与我刚认识，但对我的观察真是细致入微。这样自然就拉近了你们的距离，而这也是彼此产生信赖感的第一步。一般人或许经常赞美他，但不过是极尽奉承而已，这里说的虽是指责，但却能乐于让人接受，对增进彼此的关系有莫大的帮助。

点到为止，用暗示的方式去批评

　　面对批评，不同的人会有不同的反应，大体上可以分为敏感型和迟钝型两种。针对迟钝的人，批评可以适当直观一些、严厉一些，但是大多数人还是敏感型的，也就是说他们的脸皮较薄，所以批评应该点到为止，不宜太露骨，稍稍暗示一下即可。这种方式不仅考验批评者的说话技巧，还很能显示出批评者的语言魅力。

　　一次宴会上，有位身体偏胖的太太坐在身材瘦小的萧伯纳旁边，面带娇媚的笑容问萧伯纳："亲爱的大作家，你知道有什么办法可以阻止长胖吗？"萧伯纳郑重其事地对她说："办法倒是有一个，但我怎么想也无法把这个词解释给你，因为'干活'这个词对你而言就是外语呀！"

　　萧伯纳采用委婉含蓄、柔中带刚的批评方式，显然要比直接对那位太太说她太懒惰效果更好。运用这种方法时，一股采用间接的话语，好让批评者有一个思考的余地。

　　更高明的批评手段是压根儿不让对方感觉到你是在批评，但又能让对方感受到被"敲击"的意思，进而启发他进行自我批评。

　　某小区一户老人家向居委会反映，晚上住在楼上的年轻人不太注意保持安静，导致楼下的老人都睡不好。居委会的工作人员便叫来了楼上的年轻人，闲聊了一会儿后，给他们讲了一个笑话：

　　有个老头患有神经衰弱的毛病，稍有动静，就难以入睡，恰好楼上住了一个经常上晚班的小伙子。这个小伙子每天下班回到家里，都习惯性地把双脚一甩，鞋子重重地落在了地板上，把好不容易才入睡的老头惊醒。

　　老头向小伙子提了意见。当晚小伙子回家后，刚踢出去一只鞋，突然想起了老头的话，便轻轻地脱下第二只鞋放好。第二天一早，老头就对小伙子埋怨说："你一次甩下两只鞋，我还可以重新再入睡，昨晚你留下一只不甩，害得我等你甩第二只鞋等了一夜。"

笑话讲完后，两个年轻人先是哈哈一笑，但很快就悟出了笑话所指，后来就把之前的毛病都改掉了。

批评的话虽然不是随口说出来的，但我们必须思考用什么样的方式把它说出来而不会让对方感觉难堪。对于那些有自知之明的人，采用暗示的方式是最好不过的了，因为这样做不仅可以达到批评劝说的目的，还可以避免把话挑明而产生无谓的伤害。

美国作家马克·吐温以幽默著称，他就很擅长运用直言曲达的暗示方法批评他人。

一次，他乘坐火车前往一所大学演讲，结果火车开得实在是太慢了，眼看着时间就要不够了，他心里很着急。这时，来了几位列车员准备查票，马克·吐温找来一张儿童票，等到列车员查到他时，就把儿童票递给了对方。列车员也是一个很幽默的人，看了票后调侃着对马克·吐温说："没看出来，原来你还是个孩子。"马克·吐温耸耸肩，无奈地说道："我买票时是个孩子，不过，现在都已经长大了。"

一句幽默风趣的话，既表达了马克·吐温对火车开得太慢的不满，又不至于让对方觉得难堪。

将批评的话换种方式表达，或者绕个弯子幽默地表达出来，无论是对批评的人，还是对被批评的人来说，心理上都不会承担太大的负担。大家相视一笑，彼此心领神会，既达到了批评的效果，又不伤害双方感情，可谓一举多得。

批评要注意尺度，给对方留足面子

跨国公司松下电器的创始人、被称为"经营之神"的松下幸之助除了在企业经营方面有着独到的哲学思想，在用人，甚至骂人方面，也有着过人的智慧。

后滕清一是三洋电机的前副董事长，曾经任职于松下公司。有一天，因为犯了一个错误，后滕清一被叫到松下幸之助的办公室接受训话。松下幸之助刚一说话，就火冒三丈，非常严厉地斥责了他。由于过于激动，松下幸之助甚至拿手上的打孔机去敲打桌子，以致打孔机都被敲歪了。

稍微平复了一下心情之后，松下幸之助对后滕清一说："非常抱歉，刚才是我太生气了，所以把打孔机都敲歪了，你能否帮我把它扳正呢？"

被领导痛骂一顿的后滕清一原本只想赶快离开董事长的办公室，无奈之下只好接受要求，拿着打孔机在一旁敲敲打打地开始修理，没多久就将它扳直了，心情也随之平复了许多。

松下幸之助对后滕清一称赞道："你做得非常好，简直和原先的一模一样！"

后滕清一离开办公室后，松下幸之助就悄悄地打通了他家里的电话，对后滕清一的老婆说："今天你丈夫回家后的心情可能不太好，劳烦你多安慰他一下。"

当后滕清一揣着满肚子的委屈回到家中，原本打算告诉老婆想辞职不干了时，没想到松下幸之助却早已交代好安抚措施，让后滕清一佩服不已，并激起了对这位领导更大的忠心。

松下幸之助的聪明之处就在于，他在批评责备下属时，拿捏好了分寸，让下属体会到他爱之深、责之切的心情，进而更心甘情愿地为他效劳。

如果非要责骂他人，就一定要替对方保留颜面，并对事不对人，事后也要学会道歉，安抚对方，让其有一种被信任的感觉，只有这样，才能打造出更好的互动关系。批评的尺度除了在程度上不能太过分之外，还要考虑环境和场合。不注意场合，随意批评他人非但达不到批评的效果，甚至还会让被批评者产生严重的抗拒、逆反心理。以松下幸之助为例，他也只会在办公室里对自己的下属发那么大的脾气，相信在公开场合，肯定不会那样做。

有些领导之所以喜欢在大庭广众下斥责下属，往往并非出于无法抑制的气氛，而是想通过这种方式向上级、客户或其他下属表明这都不是他的错，而是因为这个下属办事不力造成的。事实上，这种想法、做法都是非常幼稚的。既然身为领导，就得对职责内的所有事务负责。如果一味强调自己不知情，只会暴露自己管理不力，而这又成了自己另一方面的失职。更重要的是，这种推卸责任的行为会让其他下属心寒，他们会认为你是一个自私、狭隘、没担当的上司。

更要命的是，如果被你批评的下属是一个脾气暴躁的急性子，当面反驳你，或者把你的丑闻抖出来，然后扬长而去，那么，面对众多旁观者，谁的处境更尴尬，谁最丢面子？所以有问题就指出来，要批评就在办公室里，在没有第三者的情况下进行教育，这才是领导应有的智慧。

批评既要对人，也要对事

人们习惯性地听到并认为既然是批评，就要对事不对人。不可否认，客观合理的批评就应该对事不对人，但是在涉及具体的口气、方式时，也要学会因人而异。

某纺织厂的赵文和吴斌，在同一个车间工作，赵文比吴斌早两年进厂。在生产操作的过程中，他们都出现了失误，而且所犯错误都差不多。车间主任针对这样的情况，对两个人采取了不同的批评教育方式。因为赵文是老员工，所以主任就狠狠地批评了他一顿，但对于吴斌的失误，只是指出了他的操作不当，还安慰他不要性急。赵文很不服气，找车间主任理论。主任对他解释说："这样的失误出现在你身上是很不应该的，毕竟你是一个老员工，所以出问题就是态度的问题。另外，你的技术很熟练，就应该对自己有更严格的要求。"赵文听完后不语了，觉得主任说得有道理，便默默地接受了批评。

可见，当同样的错误发生在不同人的身上，批评时要因人而异，否则就会产生不良的后果。大致说来，有以下几点需要特别注意。

1. 批评不同年龄的人

在批评某人之前，要对其实际年龄有一个大体的了解。对于年龄比自己小的人，要善于用一些开导性的语言加深其认识；对于年龄相近的人，因为公共点比较多，所以最好多一些自由的交谈、沟通；对于年龄比自己大一些的人，最好采用商量的口气。同时，批评时要注意称谓，对年长的人要多用一些谦语。总之，不同年龄段的人的特点也不相同，在选择批评方式的时候，最好区别对待。

41

2. 批评不同职业的人

针对同一个行业不同职业的人，批评也应该有所不同。对工作能手和初学者的要求不一样，所以批评也不能相同。同样，同一种方法也不能用在担任领导职务和一般的工作人员身上。

3. 批评不同知识结构和阅历的人

知识结构、阅历不同的人，他们在接受批评时的心理状况会有很大的差异。如何使用语言艺术，让他们乐于接受批评，又有如遇知己之感，深深地考验着批评者的智慧。对于这科人，要善于讲道理，而且有时只需蜻蜓点水，对方便能心领神会。

批评固然要针对不同的人采取不同的方式，但需要特别注意的是，批评的核心是事，而不是人。所以，在苛责他人时，应该做到不以对方的人格、尊严为对象，而只就他的行为本身进行批评。

每个人所关心的都是对方的行为，如果对方能够接受批评，紧接着就可以赞美他，这样就不会伤害他的自尊心。例如：

"小王，据我所知，你以前好像从来没有犯过这种错误啊……"

"小王，坦率地讲，我是因为知道像你这样的人应该做得更好一些的。这次的事，实在不像是你所为。"

如果像上面这样去讲，就既能指出对方的错误，又能够激励他努力向上。然而在现实生活中，有些领导、老师和家长，没有把握好这种分寸，往往用挖苦或讽刺代替摆事实、讲道理的批评，这实际上就是把批评降低为一种泄愤的手段了。

巧妙道歉，让批评的目的于无形中达成

中国有句老话说得好，叫"子不教，父之过"。现在很多心理学、社会学的研究结果也表明，父母在子女教育方面的影响力是持久、深远且无法替代的。从这个角度来讲，如果子女犯错，父母责无旁贷。同理，公司里的职员，他们犯的错误里面多多少少都有领导在平日教育方面的疏忽。话又说回来，龙生九子各不相同，所以，即便教的手段相似，育的结果也未必一致。不过，当下属犯错误时，领导可以借着这层关系，先对自己的"失职"道歉，再对下属的行为提出合理化的要求，效果会立竿见影。

王涛是某陆军部队的老兵，仗着有几分资历，经常指挥新兵为自己干些洗衣服之类的私活。指导员听说后，心里面很生气，但也不方便当着大家的面直接批评他。一天，指导员把王涛单独留在会议室，语重心长地对他说："可能是平日里训练量太重了，你连打理自己私人事务的时间都挤不出来了，这都怪我，平时总盯着训练，对你的关心有点疏忽了。针对这件事，我在这里也向你作个检讨，道个歉。以后生活上有什么困难，记得及时跟我讲，好吗？"

听到这里，王涛红着脸，惭愧地低下了头。

指导员接着说："不过话又说回来，就算自己再累，咱们也不能让新兵给咱们洗衣服吧。你训练，他们也训练；你累，他们也累。况且，他们刚来，很多地方还不适应，你这样对他们，他们的身体上和精神上都会受折磨的。这样，一会儿回去给他们道个歉，好吗？"

王涛连忙点头，回去后也很诚恳地向新兵道了歉，后来再也没有发生过这类事情。

批评他人，最担心的就是对方还没等你正式开始就产生了逆反心理。而道歉式批评，可以先用低姿态拉近与对方的心理距离。等到对方认可了你，自然也就更容易接受你的批评。

马英刚上大学，因为平时喜欢看书，知识面相对较广，就代表所在的一个社团参加学校组织的一次知识竞赛。不幸的是，马英在笔试部分，因作弊被当场发现，并连累社团被点名批评。后来，社长找到马英，诚恳地说道："这件事我也有很大的责任，因为从决定让你参加知识竞赛的那一刻起，我就一直给你灌输要拿第一的思想，肯定也给你带来了很大的压力，要不然你也不会选择这种错误的做法。在这里，我先向你道个歉。但是，这件事情终究是我们做错了，所以在面对学校的批评时，咱们一定要摆正心态，以后坚决不在同一个地方摔倒两次。"

听完社长的一席话，马英也很诚恳地向社长保证，类似的错误以后坚决不犯。

马英犯错，社长主动道歉，既表现了他勇于承担责任的态度，也赢得了马英的敬佩。

面对别人的错误，直接批评、处罚，很容易挫伤对方的积极性。如果站在自己的立场对自己的"失误"予以道歉，其实就相当于在心理和情感上给对方一个缓冲。道歉式批评可以让对方感觉到，你在情感上是爱他的，那么你接下来的批评也会被对方理解为是为他好。这样一来，对方的积极性、自尊心都不会受伤，而你批评的目的也达到了。

遇事先反思自己，再推己及人，其实也可以理解为一种严于律己的思维方式。当然，这又何尝不是一种勇于自我批评的高尚态度呢？

善用赞美式批评，让对方真正学会自省

传统观点认为，批评就是要对问题和过失进行指责或批判性的揭露，并教授方法，然后督促其改正。赞美则是发自内心地对自身所支持的事物表示肯定，所以一般情况下，很难有人会把这两个意思相反的词语组成一个词汇来描述一个事物。

赞美式批评之所以会给人耳目一新的感觉，并非简单地因为它把"矛"和"盾"糅合成了一种"兵器"，更重要的是这把"兵器"在实战中展现出了极强的威力。

陶行知先生是我国著名的教育家、思想家，据说在他任小学校长时，曾在校园里看到一个男孩用泥块砸班里的另外一个男孩，便上前制止，还命令他放学后去校长室。

放学后，当陶行知回到自己的办公室时，发现下午扔泥块的那个男孩已经在门口等候了。让男孩颇感意外的是，陶行知非但没有批评他，还从口袋里拿出一块糖送给他，说："这块糖是对于你准时到我办公室的奖励。"那个男孩惊诧地接过糖。

随后，陶行知把那个男孩请进了办公室，又从口袋里拿出一块糖递给他，并说道："这块糖也是奖励给你的，因为我让你停止再用泥块砸人时，你立马就住手了，这说明你很尊重我，应该奖励。"男孩把眼睛睁得大大的，表情显得似乎更加疑惑。紧接着，陶行知又拿出第三块糖递给他，说："对于你下午用泥块砸同学的事情，我已经调查过了，原因主要是对方没有遵守游戏规则，还欺负女同学；你用泥块砸他，说明你很正直，有跟坏人做斗争的勇气，所以应该奖励。"

男孩攥着陶校长给的三块糖，眼泪止不住地往下掉，哭着说："陶校长，我知道错了，我砸的不是坏人，而是自己的同学，您还是惩罚我吧。"

听完男孩的话，陶行知满意地笑了，随手从口袋里又拿出了一块糖，说道："鉴于你能够正确认识到自己的错误，我就再奖励你一块糖。可惜这也是我的最后一块糖了，所以，把它送给你，我们的谈话也该结束了吧！"

陶行知这种反常规的批评方式，不禁让人感叹。

批评他人，并不是简单地把错误往那一摆，然后把犯错的人数落一通就行了。这样的批评只能发泄私愤，并不能让犯错的人有任何获益。要想让批评见效，我们应该清楚，对任何人来说，被批评都是一件难为情的事情，如果当着众人的面把话说重了，谁都下不来台。因此，批评他人，不能想怎么数落就怎么数落，而应该设身处地为对方想一想，用事实说话，用道理启发。

心理学家的研究结果显示，如果当事人对自己的错误已经知晓，那么还对他的错误进行重复式批评，非但没有任何教育意义，反而会让他产生逆反心理，对错误漠然，进而我行我素；要么当事人会感觉自卑，对未来失去信心等。其实，人人都有犯错的时候，况且犯错者未必有心，而且错误也只是一时的。因此，绝不能因一时之错而对人长期进行打压，尤其在犯错误者对自己的错误已经认知的情况下，鼓励与肯定才是最佳的处理办法。

赞美式批评更有利于犯错者自省、自励。用肯定的态度来激发犯错者坦然面对未来的勇气，可以帮助他们顺利走出因错误造成的心理创伤，甩开错误造成的不良心理包袱。

建议式批评，更易赢得对方的合作

有一天，六岁的小刚从妈妈的洗衣框里拿出一条脏毛毯，裹在身上玩儿，而他身上穿的是妈妈刚给他买的新衣服。看到这一幕，小刚爸自然很生气，上前一把就把脏毛毯夺了下来，还批评小刚不应该乱动洗衣筐里的衣物。小刚受到爸爸的批评，心里很委屈，噘着小嘴眼泪汪汪地站在那里生气。让小刚爸颇为无奈的是，小刚非但没有吸取教训，还屡屡从洗衣框里拿脏衣服、脏毛毯玩儿，让大人们都很郁闷。

后来，小刚妈妈的一位做心理辅导的朋友来家里做客，了解到这一情况后，就给他们提了一个建议，再遇到类似的情况，不妨采用建议式的批评，看看会不会有效果。结果，小刚爸试了两次，小刚从洗衣筐里面拿衣服的频率明显比以前减少了。

其实，像小刚这个年龄段的孩子，对诸如过马路不能闯红灯、在公共场所不能喧哗、危险的东西不能碰这样的事情，尚处于探索阶段。对大人而言属于常识性的东西，或许在小孩眼里并没有对错之分。

小孩做了不该做的事情，家长用"建议式批评"比"权威式批评"效果更好。比如，六岁的小刚只是想找一块毛毯裹在身上玩儿，但他并没有意识到这条毛毯是妈妈放在那里准备洗的，也不清楚脏东西不能往身上裹。此时，家长要先告诉孩子这样做是不对的。比如小刚爸可以这样说："小刚，这个毛毯已经脏了，有难闻的气味，而且还有细菌，我想你肯定更喜欢干净的、香香的毛毯，对吧？"之后，家长要让孩子知道为什么不能这样做，以及假如这样做可能会导致什么样的后果。小刚爸可以这样说："放在洗衣框里的都是妈妈收集起来打算洗的脏衣服，不能乱动。你拿脏毛毯裹在身上，会把身上的新衣服也弄脏，这样，妈妈就要洗更多的衣服，所以会很辛苦。"最后，当孩子听懂并认同了家长的话后，再告诉他们应该怎样做。比如可以这样说："把这条毛毯放回洗衣筐，再去跟妈妈要一条干净的来玩，怎么样？"

这个故事和小孩子在下雨天喜欢往外跑是一个道理。有的孩子越是在下雨天就越吵着要出去玩，家长怎么也拦不住。有的家长什么也不解释，就是生硬地拦着，结果孩子号啕大哭，说大人不讲道理。有的家长经常用转移注意力的方法吸引孩子玩别的，结果时间久了也不管用了。家长不妨告诉孩子，下雨天出去玩儿就会感冒，一感冒就要看医生、打针。讲明利害后，再建议孩子玩别的游戏，效果自然会不同。

在教育孩子的过程中，多提建议，少用批评，这样更有利于他们主动认识问题，解决问题，而不是因为家长的权威，才不得不去做某件事。对孩子的教育，应该朝着有助于他们独立思考，提升逻辑思维，以及辨别是非黑白的方向发展，而不是屈从于权威。

建议式批评用在孩子身上，是考虑到他们的理解力；而用在大人身上，则更多的是顾虑到他们的自尊心。

伊达·塔贝尔是美国的资深传记作家，她在写《欧文·扬传》时，曾和一位与欧文·扬共事三年的同事谈话。这位同事说，他从来没有听到过欧文·扬指使别人——他只会建议，而非命令。欧文·扬从不会说"做这个，做那个"或者"不要做这个，不要做那个"，而是说"你认为那个有用吗"或者"你可以考虑这样去做"……他在口授一封信后，经常会问："你觉得这样怎么样？"看过助手写的信之后，他会说："或许这样表述会更好一些。"他从来不对助手下直接的命令，而是让他们自己选择，即便错了，也可以在其中学习。

建议式的批评不仅容易让一个人改正自己的错误，还可以不伤害对方的自尊心。这种批评方式更容易赢得对方的合作，而非反感或者不满。

建议式批评的核心在于通过提建议的方式来促使对方改变意志或行为。提建议时要用疑问的语气，能让对方感觉到你所表达的意思是善意的，最好针对具体的事情。最好用这样的句式："你愿意试一试……""如果可以考虑试一试……

可能会让你……"　"要是……就更好了，你觉得呢？"

　　建议式批评只针对能改的方面，而对于一些无能为力的事情最好不要去谈论，如"要是你再瘦一点就更好了"。当你看到好朋友穿得很漂亮却没有化妆，可以说："你今天的衣服颜色很漂亮，如果再画点淡妆看上去会更阳光。"这肯定会比直截了当地说"今天怎么没有化妆"更容易让对方接受。总之，在用建议式批评的时候，尽量说得具体一些，或者加上背景和描述性表扬，而对于不能改变的现实方面或人格层面，最好不要用。

绵里藏针式批评：明人巧说暗话

若按常理，明人不说暗话方为君子所为，但有的时候，过于直白的批评反而容易伤人，从情理角度而言，亦非君子所为。

可以这么说，此时，如果站在对方的角度说些双方都可以听懂的暗语，效果或许会更好。

"东北作家群"的著名代表萧军在成名前曾得到过鲁迅的帮助。鲁迅去世后，有人在报纸上发文抨击鲁迅，萧军看到后异常气愤，盛怒之下便找对方约架。过后，萧军向人吹嘘说自己如何厉害，怎么样把对方打得屁滚尿流等。

有一次，他又在和朋友谈论此事，正好聂绀弩从旁边经过。因为事发当天，聂绀弩也在场，所以对当时的情况比较了解，说道："你们打架那天我也去了，刚开始打得不分伯仲……其实打架这种事我是不赞同的，但从这件事里面能够感受到你对鲁迅先生的敬佩，这一点我很赞赏。我也很佩服鲁迅先生，他就是一个斗士，其语言像匕首一样锋利，一生都在与人斗争，但他从来都是据理力争，让人不得不服。"话刚说完，满脸红晕的萧军就惭愧地低下了头。

聂绀弩表面上是在肯定萧军对鲁迅的感情，实则通过鲁迅"文斗"的行为反衬萧军"武斗"的劣行。他的一番话既让萧军认识到自身的错误，也没有伤害到他的面子。用一方的事迹去映衬另一方的错误，既可以点醒对方，又可以避免尴尬。

除了用他人的事迹点醒对方之外，明人巧说暗话还有另外一个比较典型的应用：用随机编造的故事委婉批评对方。

伊凡·克里玛是捷克著名的作家。有一次，83 岁高龄的他参加当地一个读书活动，其间他的一个崇拜者想请他签名，顺带着恭维说："尊敬的克里玛先生，听完您的朗诵，我感觉您活到 90 岁都没问题！"克里玛听到这样的恭维，先是一愣，紧接着从容地说道："我曾经在一本书上读到过这样一则故事，说的是有一位年过九旬的长者，看起来精神很好，有人走到他跟前恭维地说他可以活到 100 岁，他却说，'我又不吃你家的饭，为什么要限制我的岁数呢？'"听到这里，刚才那个粉丝恍然大悟，连声道歉，还说："对不起，是我说错话了。我恭祝您寿比南山！"听到这句话，克里玛微笑着签了自己的大名。

对于一般的人来说，能活到 90 岁已经是很高的岁数了，但对于一个 80 多岁且身体硬朗的人来说，100 岁恐怕也不是自己的目标。如果这个时候，还祝愿对方活到 90 岁，在听者看来，无异于是一种给年龄设了上限的"诅咒"。考虑到崇拜者也是一番好心，克里玛就临时讲了一个故事，给对方以暗示。这种充满幽默感的"批评"除了能让对方认识到自己的错误，还会对批评者的胸怀表示感激。

巧说暗话的初衷是为了不伤人，但既然叫暗话，里面自然有讽刺的成分，有时候为了达到痛批对方的目的，暗话同样可以起到绵里藏针的效果。

2012 年，美国总统大选进行第三场辩论，罗姆尼率先向奥巴马发难："你不停地裁军，结果，我们现在的海军战舰比 1917 年以来的任何时候都少，关于这一点，你怎么解释？"奥巴马笑着看了一眼对方，说道："你说得没错，我们部署的战舰确实比那个年代少，其实，我们的战马和刺刀也比那个时候少了很多。我们军队的性质已经发生了改变，这个你知道吗？我们现在有一种东西可以让飞机在上面降落，叫航空母舰；我们也有可以潜到水里的船只，叫核潜艇。"

奥巴马的一番话让罗姆尼顿时语塞，现场的听众也都哈哈大笑起来。他的"刺刀战马说"成功地讽刺了罗姆尼的时代眼光，同时也让选民们大加赞赏。

罗姆尼指责奥巴马的裁军让海军舰艇变得越来越少，但奥巴马没有正面反驳，而是顺着罗姆尼的思路，巧用战马、刺刀的事实，委婉表达了其思想过时的意思，可谓绵里藏针。这种批评以退为进，貌似没有火药味，但在反击对方方面可谓威力十足，而自己又不失风度，可谓一举两得。

第三章

会圆场的人，走到哪里都受欢迎

为他人打圆场，替自己赚"人情"

无论圈子大小，人多人少，在交流时都免不了出现冷场的情况。现实生活中，总有一些人扮演救火队长的角色。有时候，救火队长也不是这么容易当的，因为队长经常会因为一句话没说到位，甚至一个词没用对，而发生引火烧身的惨剧。当然，话说回来，那些在各种场合都广受欢迎的人也恰恰是这些会圆场的人。有这些人在，聚会邀请者不怕氛围弱，与其临坐者不怕话题少，特立独行者不怕棱角多。所以，不管什么职务、性格的人，都应该掌握一些圆场的技巧。

人人都有难言之隐，谁都有不想被他人知道的隐私。遗憾的是，现实生活中经常会发生隐私被曝光或者让人下不了台的事。在这个时候，如果有人出来圆一下场，替人遮盖羞处，就会让当事人感激不尽，日后有机会，必当回报这份"人情"。

那些自尊心很强的人遇到让自己下不来台的人时，往往会抱有强烈的反感心；而对于给他们提供"台阶"、保全其面子、维护自尊的人，则会产生由衷的敬佩之情。这也就是人们常说的"赠人玫瑰，手有余香"。

当人们下不了台的时候，多么希望有个"赠人玫瑰"的"打圆场"者出现啊！可有些愚蠢的人却往往抱着"事不关己，高高挂起"的态度，认为替他人"打圆场"非但耗时费力，还有可能吃力不讨好。像这种不会出手援助别人的人，哪天等到自己下不来台时，他人也往往会以袖手旁观来回报之。

而智者通常都会明白这样一个道理：替别人"打圆场"，就是为自己赚"人情"。因此，他们会不失时机地为别人排危解困，也为自己赢得更多的友谊。

生活中，我们会发现，热心肠的人不仅比自私冷漠的人快乐，也更容易交到朋友。只是说几句得体的话，就能让大家皆大欢喜，何乐而不为呢？作为旁观者，与其怀着看热闹的心态"围观"，不如充当和事佬，化干戈为玉帛。

打圆场时，态度要缓和，而且反应要快，这样才能息事宁人，避免火上浇油，扩大事态。所以，"打圆场"也是一门非常考验人的说话艺术。

妻子冬梅过生日，汪田特地找了家装修浪漫、布置温馨的中餐厅请她吃饭。

趁妻子没在意，汪田悄悄点了一道她最喜欢的"蚂蚁上树"，没想到却弄巧成拙。因为服务员上菜时，妻子看到一整盘菜里尽是粉丝，根本没有什么肉末。

冬梅也是个嘴巴不饶人的主儿，故意装糊涂问服务员："这道菜叫啥？"

服务员不明就里地答道："蚂蚁上树。"

这下可被冬梅揪住了小辫子，更来劲儿了，"那怎么我只见'树'不见'蚂蚁'？"

服务员看了一眼菜盘，脸涨得通红，不好意思地立在哪里。

汪田心想，今天是来吃生日餐的，图个高兴，现在弄得人家服务员下不来台，很不好。于是，他赶紧开启"打圆场"模式："人家'蚂蚁'可能是太累了，还没爬上树来。要不你们通知一下厨房，换一盘爬得快的'蚂蚁'来！"

服务员听完，感觉如释重负，没过多久，就端上了一盘正宗的"蚂蚁上树"。

汪田不愧是"打圆场"的高手，三言两语，就成功地替服务员解了围。这么一来，服务员对他满怀感激之情，肯定也会想办法弥补过失，上一盘真正的"蚂蚁上树"。

"打圆场"是一个人幽默和修养的体现，同时也能展示自己的大度。生活中，只要有心，人人都可以"打圆场"，丈夫为妻子，下属为领导，朋友为朋友，甚至老师为学生也可以打圆场。

一天，刘老师正在课堂上讲解一道复杂的函数题。正讲到关键点时，有位同学不小心在自己的座位上摔倒了，凳子都被掀了个底朝天。别的同学一见，都开始哄堂大笑，眼看这纪律没办法维持了。

不过，刘老师还算淡定，并没有生气。他大方地想：学生是不小心摔倒的，我又何必斥责他呢？而旁边哄笑的学生，毕竟都是孩子，其实也没什么错，只是控制情绪的能力不强罢了。于是，他幽默地说道："看来，这道函数题真的是太难了，不然思明怎么会吓得钻到桌子底下去了呢？"

这么一说，还真管用，摔倒的同学脸不红了，又端端正正地坐了回来。刘老师不失时机地继续说道："这道题这么难，你们害怕吗？要是不怕的话，就解解看？"

其他学生一听，也都停止了哄笑，并安安静静地开始解起题来，课堂也随之恢复了平静。

面对学生的错误，老师如果只是一味地斥责或批评，只能治标不治本，无法从根本上解决问题。如果老师大度一点，利用幽默为学生"打圆场"，给学生一个台阶，则必能赢得学生的尊敬与感激，学生自然也就会以认真学习来回报老师。

审时度势，巧妙帮助各方摆脱尴尬

有些人之所以会在交际活动中陷入窘境，往往是因为他们在特定的场合做出了不合时宜的事情，结果造成整个局面的尴尬和难堪。这种情形下，打圆场作为最行之有效的方法，莫过于换个角度或找一个借口，用合乎情理的解释来证明对方有悖常理的举动在此情此景中是无可厚非的。这样一来，对方的尴尬解除了，正常的人际关系也不会中断。

有一次，著名演员新凤霞和丈夫举办敬老晚宴，邀请了文艺界许多著名的前辈。

时年90多岁的齐白石在看护的陪同下也前来参加，老人坐下后，拉着新凤霞的手目不转睛地盯着对方看。看护带着责备的口吻对齐老说："你总盯着人家看什么呢？"

齐老不高兴了，说道："我这么大年纪了，为什么不能看她？况且她还生得这么好看。"

说完，只见齐老的脸气得通红，弄得大家也都觉得很尴尬。这时新凤霞笑着对齐老说："没事，您看吧，反正我是演员，不怕人看。"

在场的人都笑了，现场气氛也都缓和了下来。

在这里，新凤霞巧妙地运用了打圆场的技巧，强调事情发生的合理性，以"自己是演员"为理由，证明齐老看自己是正当而合理的，这既让自己摆脱了困境，也给对方找到了行为的理由，从而使交往活动能正常进行。

打圆场的初衷是为了化解现场的尴尬气氛，所以它未必能让每个人都满意。

如果说话者用来打圆场的话可以做到取悦最多的人，自然是再好不过了。那么，究竟怎样说话能够让这个圆场尽可能覆盖到周围的人呢？

一个大学教授在给学生上课时讲到语言的魅力，特意举了这样一个例子：

我有一个朋友，特别会说话，有一天他到我家里来做客，正好赶上那天我儿子第一次带女朋友回家，但当时朋友并不知情。

在有些人看来，一个家庭同时接待两个互相不认识而且没有任何关系的客人，坐在一起，难免会让对方觉得尴尬。

但当儿子领着女朋友走进家门后，朋友说了一句话，让在场的我们四个人听了都非常高兴，只见这位朋友说："这孩子像他爸，会挑！"

一句加上标点符号还不超过十个字的话竟然同时夸了四个人：首先让孩子他爸高兴，因为自己有眼光；当然，孩子妈也高兴；孩子因为像爸爸一样有眼光而高兴；孩子的女朋友听到后自然也高兴。这样，大家尚未落座，情感上就已经有了共鸣，场面自然会其乐融融。

有时，在某些场合中，双方因彼此不满意对方的看法而争执不休，很难说清孰对孰错。

作为调解者，应该对争执双方此时的心理和情绪给予充分的理解，不可厚此薄彼，以免刺激双方的对立情绪。

当然，调节者也要对双方的优势和价值都予以肯定，并在一定程度上满足他们自我实现的心理。在此基础上，调节者拿出双方都能够接受的建设性意见，这样就容易为双方所接受了。

在一次学校举行的文娱活动上，教师和员工分成两个小组，每组自行编排和表演节目，然后再进行评分。表演刚结束，坐在下面的观众就分成两派，吵得不可开交。眼看着活动就要陷入僵局，主持人灵机一动，对大家说："两个小组表演得都不错，那么到底哪个组能得第一呢？我看，应该具体情况具体分析。教师组激情四溢，富有创意，应该获得最佳创作奖；员工组精神饱满，富有朝气，应该获得最佳表演奖。"随后宣布两个组都获得了第一名。

　　主持人因为清楚文娱活动本身的目的在于激发教职员工参与文娱活动的激情，而不是在名次上分出个高低。基于这个考虑，在评比出现矛盾的情况下，他没有和大家一起争论孰优孰劣，而是强调了两个小组各自的特点和优势，并对两个小组的努力都给予了肯定，结果就很容易地为大家所接受了。

故意曲解，化干戈为玉帛紧急救场

在交际场合中，交际双方或第三者由于彼此言语、习惯、风俗等不同，常常会说出一些让大家感到惊讶的话语，或者做出一些怪异的举止，从而导致难堪和尴尬场面的出现。为了缓解这种局面，可以采用故意曲解的办法，即装作不明白或故意不理睬他们言语行为的真实含义，而从其他的角度做出有利于化解尴尬局面的解释。

在一次同学聚会上，大家见面后都很亲热，聊得也十分开心。这时，一位男士对坐在旁边的一位女士信口开河地说："你当初可是主动追求过我的，现在还有想我吗？"按理说，在这种老友久别重逢的气氛中，开些类似的玩笑，虽有不妥，但也无伤大雅。但这位女士由于某种其他原因，竟然脸色一变，气呼呼地说："你神经病呀！谁会追求像你这种心理龌龊的人。"她声音很大，在场的人都惊讶地看着她，觉得很尴尬，场面也一下子冷了下来。

此时，另一位女士站了起来，笑着说："都已经 5 年了，咱们小妹的脾气还是没变，她喜欢谁，就说谁是神经病，说得越厉害、越让人受不了，也就表明她越喜欢。你们说，我说得对吧？"一番话，让大家都回想起大学时期的美好时光，你一言我一语，互相开起玩笑来，一场风波也就这样被平息了。

在这个事例中，批评哪一方都不合适，只会加剧矛盾的激化，破坏聚会的气氛。这时候另一位女士从善意的角度出发，对双方的语言作出"歪曲"的解释，故意把第一位女士的话理解为是一种"喜欢"，引导大家回忆大学的美好时光。

在这样的气氛中，大家很快都忘记了尴尬和不快，原本尴尬的场面也就烟消云散了。善意的曲解并非单纯地和稀泥、捣糨糊，而是弥补别人一时的疏忽，消解他人心中的误解和不快，进而保证人际交往的正常进行，因此也是一种非常有效的圆场技巧。

通过这个事例我们还可以看出，在交往中遇到尴尬的场面时，准确把握双方的心理，然后运用说话的技巧，并借助恰到好处的语言及时出面打圆场，化解尴尬，是十分重要且宝贵的。

说到揣摩心理，靠故意曲解打圆场，就不得不提冯骥才的《好嘴杨巴》里面的一个经典片段：

李中堂正要尝尝这津门名品，手指尖将碰碗边，目光一落碗中，眉头忽地一皱，面上顿起阴云，猛然甩手"啪"地将一碗茶汤打落在地，碎瓷乱飞，茶汤泼了一地，还冒着热气儿。在场众官员吓蒙了，杨七和杨巴慌忙跪下，谁也不知中堂大人为嘛犯怒？

当官的一个比一个糊涂，这就透出杨巴的明白。他眨眨眼，立时猜到中堂大人以前没喝过茶汤，不知道洒在浮头的碎芝麻是嘛东西，一准当成不小心落上去的脏土，要不哪会有这大的火气？可这样，难题就来了——

倘若说这是芝麻，不是脏东西，不等于骂中堂大人孤陋寡闻，没有见识吗？倘若不加解释，不又等于承认给中堂大人吃脏东西？说不说，都是要挨一顿臭揍，然后砸饭碗子。

而眼下顶要紧的，是不能叫李中堂开口说那是脏东西。大人说话，不能改口。必须赶紧想辙，抢在前头说。

杨巴的脑筋飞快地一转两转三转，主意来了！只见他脑袋撞地，"咚咚咚"叩得山响，一边叫道："中堂大人息怒！小人不知道中堂大人不爱吃压碎的芝麻粒，惹恼了大人。大人不记小人过，饶了小人这次，今后一定痛改前非！"说完又是一阵响头。

李中堂这才明白，刚才茶汤上那些黄渣子不是脏东西，是碎芝麻。明白过后便想，天津卫九河下梢，人性练达，生意场上，心灵嘴巧。这卖茶汤的小子更是机敏过人，居然一眼看出自己错把芝麻当作脏土，而三两句话，既叫自己明白，又给自己面子。这聪明在眼前的府县道台中间是绝没有的，于是对杨巴心生喜欢，便说："不知者当无罪！虽然我不喜欢吃碎芝麻（他也顺坡下了），但你的茶汤名满津门，也该嘉奖！来人呀，赏银一百两！"

这一来，叫在场所有人摸不着头脑。茶汤不爱吃，反倒奖巨银，为什么？傻啦？杨巴趴在地上，一个劲儿地叩头谢恩，心里头却一清二楚全都明白。

转移话题，制造轻松气氛

当僵局或尴尬出现时，有些人因为情绪冲动，往往会在一些问题上互不相让。打圆场时，不妨岔开他们的话题，以此来转移他们的注意力。特别是在交际场合，如果因为某个较为敏感的问题弄得交谈双方都很不悦，甚至阻碍了交谈的顺利进行，可以暂时把它避开，转移话题，换一些较为轻松的话题来活跃气氛，从而缓和尴尬的局面。比如，朋友之间因为某个问题争得面红耳赤，僵持不下时，可以适时调侃一句"要把这个问题弄明白，比国足赢球还难"；也可以说个笑话，让双方的情绪平缓下来，在相对轻松的气氛中让尴尬消失殆尽，从而使交际活动得以顺利进行。

当然，有时候人们因固执己见而争执不休，造成僵局难以缓和的原因往往不在于双方的看法本身，而是彼此的争胜情绪或者较劲儿心理在作怪。其实，对某一问题的看法本身并非固定不变的，它会随着环境的变化和角度的转移而改变，不同甚至对立的看法也有可能都是合理和正确的。因此，我们在打圆场时要认识到并抓住这一点，帮助争论双方换一个角度来看待争执点，这样就可以灵活地分析问题，使他们认识到彼此看法的相对性和包容性，从而让双方停止那些无谓的争论。

某大学正在举行一年一度的拔河比赛，大家都摩拳擦掌地做着准备工作，这时文斌觉得天气有点热，就把外套脱下来放了旁边的阳台上，这时其他几位同学看到了，也纷纷把外套脱下，一件一件地压在了文斌的衣服上。过了一会儿，文斌看到了，很是恼火，就随手拿掉上面的一件扔在地上，说："这都是谁的衣服，别压在我的衣服上，赶快拿走！"衣服被扔在地上的那位同学心里很不高兴，说："不放就不放，好好说嘛，干吗把我的衣服扔在地上！"眼看着现场气氛紧张起来，眼尖的班长赶紧跑过来说："大家平时都玩得挺愉快的，今天这是怎么了？比赛马上就要开始了，别的班级可都准备好了，正盼着我们输呢！这个时候，咱们可得齐心协力、团结一致呀！"

这时，那两位才意识到还有更重要的比赛在等着大家，便不好意思了，随即抛开衣服的事情，认真去做赛前的准备工作了。

案例中班长的打圆场，先是以"大家平时玩得挺愉快的"来缓解气氛，然后用一句"别的班级可都准备好了，正盼着我们输呢"岔开了话题，顺利转移了争吵双方的注意力，并提醒大家越是在这个节骨眼上越要齐心协力，从而化解了一场纠纷。

当然，转移话题要有一个比较流畅的过度，不能让大家觉得莫名其妙。所以，为了在圆场的时候能够更好地发挥转移话题的作用，还需要掌握以下一些基本技巧。

1. 自然转换法

俗话说"物极必反"，所以当一个话题谈得久了，大家的兴致自然就会降低，此时最好适时停止发表意见，并自然地引出另一个话题来。

2. 问题转移法

在交谈的过程中，适当提出一个问题，然后把谈兴引向另一方面。

3. 答非所问转移法

有些话题自己不便发表意见，就可以在回答时转移视线，进而引出其他内容。

例如，王科长和杜科长喝酒，王科长喝醉了，说："老杜，你说，昨天张部长批评我对不对？我为什么不可以涨工资？他这是不是故意整我呢？"杜科长说："咱部里前两天又出了一件事你知道不？"这样就自然地把话题引开了。

4. "关心他人"法

即在交谈过程中适时扯进一个第三者，从而中断原话题，转向新话题。这个第三者，最好以新闻人物、对方熟悉的或关心的人为宜。

5. 扩展话题法

即把话题引向另一个外延去。

6. 提出异议法

提出另一种意见，从而将对方的注意力引向对另一种意见的思考。

转移话题的方法还有很多，最重要的是现场发挥，妙在"巧"转，做到不露声色，以便交谈能够顺利进行。在转移话题的时候，如果能够遵循以下原则，将会达到更好的效果。

（1）看准时机。当交谈各方对话题的兴趣下降，即将或者已经开始冷场的时候，是引入新话题的最佳时机。不要在自己没兴趣了，而对方兴趣正浓时突然转移话题，也最好不要在一些次要的细节上节外生枝，游离于那些正谈得热乎的话题。

（2）新话题要有引发性。即要转向大家有交谈兴趣的话题，否则，仍会冷场，起不到圆场的作用。

（3）话题转移要自然、顺畅。勉强地转移话题非但不会给交谈注入活力，还会造成尴尬，破坏气氛。

幽默自嘲，圆场常青树

幽默向来被人们视为只有聪明人才能驾驭的语言艺术，而自嘲也被称为幽默的最高境界。由此观之，能幽默、会自嘲的人必定是智者中的智者，高手中的高手。

有些缺乏自信的人总是不敢使用自嘲的技巧，因为不想当着大家的面调侃自己，毕竟它是要拿自身的不足、失误甚至某些生理上的缺陷来开涮，对羞处、丑处不予遮掩，反而把它放大、夸张，然后巧妙地引申发挥，博取他人一笑。所以，没有豁达、乐观、超脱的心态和胸怀，是无法做到的。可想而知，那些自以为是、斤斤计较、尖酸刻薄的人很难做到这一点。

既然是自嘲，自然就谁也不伤害，最为安全。可用它来消除紧张，活跃谈话气氛；在尴尬中自找台阶，保住面子；在公共场合获得人情味；在特别情形下亦能起到含沙射影、刺一刺无理取闹之人的作用。或许正是基于如此多的优点，它才成为很多哲人墨客经常运用的手段。

据说古希腊哲学家苏格拉底的妻子是个强悍的泼妇，经常对他发脾气，而苏格拉底也总是对旁人自嘲道："和这样的老婆住在一起有很多好处，因为她可以锻炼我的忍耐力，加深我的修养。"一次，老婆不知何故又发起脾气来，大吵大闹，很长时间都不肯罢休，苏格拉底只好退避三舍。他刚走出家门，只见那位怒气难平的夫人突然从楼上倒下一大盆水，把他浇得像只落汤鸡。站在人群中的苏格拉底打了个寒战，不慌不忙地说："我早就知道，响雷过后必有大雨，现在看来果然不出我所料。"

很显然，苏格拉底对自己的老婆确实有些无可奈何，但他带有自嘲意味的讥讽，使他从这一窘境中逃脱出来，也彰显了其极高的修养。

我们都知道，凡幽默者多是那些待人宽厚、与人为善的人。他们往往不会故意与人为难，时时跟他人过不去，更不会无事生非。一般来说，他们遇事都会退避三舍，即使受到不公平的待遇或者遭到令常人难以忍受的冤屈时，往往也不会咬牙切齿地怨恨，愤怒得破口大骂，更不会拿出什么撒手锏致对方于死地。但是，他们也不是窝囊废，因为他们会以其独有的宽容的方式来做出反应，也许会带一点嘲讽，当然更少不了自嘲。这样一来，他们往往就成了更高意义上的胜利者。

在与同事相处时，碰到不如意或者难堪之事都在所难免，如果能以一个幽默的智慧和轻松的态度从容面对，不但能够化解紧张的气氛，也能够显示出你的仁慈和宽容。

几位公司的高管在招待所聚餐，庆祝这个月的业绩上扬。因为都是一级主管，公司特别加派了一位刚来的职员随桌帮忙。

上完菜后，那个刚来的年轻职员就开始为各位主管一一斟酒。可能是过于紧张，只见他一不小心把酒倒在了一位秃顶高管的头上，而这位高管恰恰也是公司的总经理。看到这一场面，在场的人全都愣住了，不知如何是好，而那位闯祸的职员更是满脸尴尬，不知所措。就在这一尴尬的时刻，只见那位总经理不慌不忙地用餐巾纸擦了擦头，笑着对年轻职员说："老弟啊，你用的这种方法我早就试过了，没用的。"

事后，那位刚来的公司职员一直对总经理的宽容和仁慈感激不尽，所以工作起来格外卖力，也为公司的销售业绩做出了突出的贡献。

作为圆场时惯用的一种手段，幽默自嘲有着其他传统方式无法比拟的优势，所以不管是身居高位的领导，还是战斗在一线的普通员工，都应该学一些这方面的技巧，为人，更为己。

第四章

说好 "对不起" 放下面子和为贵

抓住时机，道歉效果佳

古人云："人非圣贤，孰能无过，过而能改，善莫大焉。"在改过之前，还有一道流程需要去做，就是道歉。针对不同的人和事，道歉的形式和语言也可以自由选择，但有一点务必要到位，就是真诚。当然，要把道歉的话说到点子上，光有这些肯定不够。还要考虑道歉的时机、措辞等。与其他几种形式的说话技巧相比，道歉相对简单，可操作性也更强，但也不能过于随意，否则会适得其反。

人与人在交往的过程中难免会发生矛盾，如果错在对方，自己要学会多几分宽容；如果错在自己，那就要学会怎样道歉。向他人道歉，除了需要一定的勇气，还需要表达诚意的态度。当然，有时候为了让道歉达到弥补关系、增进感情的目的，还需要选准时机。

石伟和孙丹是同事，也是好朋友，平时关系很铁。一次在饭桌上，石伟因为多喝了一点酒，没管住嘴巴，结果把一个和孙丹有关的小秘密透露给了大家，而他之前曾经答应过要帮孙丹保密的。其实，石伟本来没打算说，只是有同事趁他酒劲发作在旁边挑逗，结果一不留神就说了。孙丹就在旁边坐着，几乎就在石伟把秘密说出口的一瞬间便摔门而出了。石伟当时很后悔，事后也总想着向孙丹道歉，但对方都没有给他机会。正好过几天就是孙丹生日了，石伟便决定等到生日当天，借着大家为她祝贺的机会，向她表达歉意。

孙丹生日当天，石伟在她每天必听的一个电台点了一首她最喜欢的歌，并借助主持人表达了自己的歉意："孙丹，对不起，我不是有意想伤害你的，因为那样的话，我会比你更加痛苦。希望你能原谅我，因为我还想和你继续做朋友。今天是你的生日，祝你生日快乐！"

听完石伟的道歉，孙丹心中涌出一股暖流，当天就接受了他的道歉。此后，他们和好如初。

心理学家普遍认为，表达歉意的时间选择存在一个"道歉式成熟期"，也就是我们所说的道歉的最佳时机。这个时机因人而异，因事而异，一般在失言后10分钟到2天内最佳。试想一下，当两个人刚发生完激烈的争吵，一方的怒火还在燃烧，另一方就赶去道歉，结果自然就会像飞蛾扑火，自取灭亡。所以，争吵完后，最佳的办法就是先缓一缓、避一避，等到对方气消了，你去道歉才能事半功倍。

《等待：拖延的艺术与科学》一书的作者弗兰克·帕特诺伊说："我们总是时刻准备对所有事情做出立即反应。"他认为道歉中的战略性拖延常常能得到最好的结果，并说道："我们总觉得需要马上道歉，同样地，我们也觉得需要马上回复信息、邮件和24小时新闻。但如果某个人犯了一个很严重的错误，比如对妻子不忠，最好的道歉时间是在对方有机会'大叫和发泄'，并且完全接受背叛这个信息之后。"

还有几种情况不适合立即道歉：第一，对方因为你说错话，虽然没发怒，但是很伤心，说明情况更严重。此时，不要贸然道歉，否则会自取其辱。最好先找亲近的人帮忙劝一下，然后再找时机澄清。第二，有第三者在场时，不要说秘密的道歉话。第三，你的问题不是主要的，对方或许正在为其他事情发愁，此时最好不要道歉，那样只会让对方更加不满。

尽管有利的时机对道歉很有帮助，但不能为了等待一个所谓的最佳时机而无限期地拖延。与时机相比，道歉也有自己的原则：尽快。有些人总是幻想着时间可以冲淡对方的愤怒，但太迟的道歉终究会给人一种缺乏诚意的感觉。未来本身就充满着种种未知，如果因为拖延而错过了最佳的时机，只会遗憾终生。

一个周末，李涛的一位好友带着忙碌了一个星期才完成的策划案去李涛家里，想请他帮忙给指点一下。不巧的是，李涛前一天晚上刚和女友分手，心情极度郁闷，草草看了一遍就当着朋友的面把对方的策划案贬得一文不值。

朋友走后，他冷静地回忆了一下朋友的方案，感觉并不像自己说的那样差，自己之所以言辞激烈，只是为了发泄自己的情绪。他本想给朋友道个歉，但好几次搜索出朋友的号码，都没有按下去。一年后，他无意间又想起了那件事，没有多想什么，就把电话拨过去了，结果是一个空号。几经辗转，他终于找到了这位朋友的号码，并打电话给对方，提起了一年前的那件事，并向他道歉。朋友表现得很大度，但口气始终很冷淡，说他已经忘了那件事。没聊两句，那位朋友就说自己在忙，等以后再聊。结果，始终没有再聊。

李涛因为一个迟到的道歉而永远失去了一个朋友，而且多了一件让其一生都要愧疚的往事。

道歉的时机固然重要，但这个时机也要因人而异，不能像在商场里挑衣服一样，一定要选出最合身的。向朋友道歉，不是服软，而是一种胸怀，一种豁达的表现，所以既要"当机"，也要"立断"。

巧妙的道歉行为，彰显生活中的大智慧

做错事道歉是天经地义的事情，也是顺理成章的逻辑，但是现实生活中总会遇到许多应该道歉但实际上没有道歉的行为。其实，阻碍一个人向对方道歉的原因无非三类：缺乏勇气，缺少意识，认为没必要。那么，道歉与不道歉之间究竟有没有一个可以量化的标准？或许美国作家盖瑞·查普曼博士通过他的经历会给我们一些启示。

盖瑞·查普曼在他和美国著名心理学家詹妮弗·托马斯博士联合撰写的《道歉的五种语言》一书中讲过这样一个故事：

一天，我在一家银行排队办理业务，虽然当时只等了不到 90 秒，但轮到我的时候，柜台出纳员还是面带微笑地对我说："非常抱歉，让您久等了。"

"没关系。"我说，并把要办理的业务单据交给了对方。

出纳员处理完后对我说："还有其他业务需要办理吗？"

"没有了。"

出纳员再次微笑，并说："祝您下午愉快！"

"谢谢，也祝你下午愉快。"

从银行出来后，我又开车去了邮局，并在那里排队等了13分钟才走到柜台前，可是柜台工作人员什么话也没说。

"我要寄一份特快专递。"

对方没有任何回应，只是在计算邮资，随后说了一句："3.2 元钱。"

我给了她 5 元钱，她找完零钱后连同收据一起交给我。

"非常感谢。"离开的时候我这样说道。

　　回办公室的路上，我回想着今天的两次经历：银行的经历让人很愉快，也感觉对方很友好；在邮局，感觉自己是在和一台机器打交道，而不是人。为什么我会对这两次经历有如此不同的反应呢？或许是因为银行出纳员在开始服务之前为了我的“等待”而道歉，但邮局工作人员什么也没说。

　　查普曼回忆了自己过去10年去银行和邮局办理业务的情形，发现几乎每次的经历都是相似的。在银行排队，每个出纳员都会说“很抱歉，让您久等了”。在邮局，尽管排队等候的时间总是比在银行里长，但是他们的工作人员却从来没说过任何道歉的话。很显然，银行的出纳员接受过礼仪方面的培训，而邮局的工作人员并没有。所以，银行的作人员有道歉的意识，而邮局的工作人员则没有。有人可能会认为银行出纳员的道歉只不过是例行公事，缺乏诚意，但实际上，顾客还是会很感激有人为他们的等待而道歉。

　　那么，办理业务前的这个小小的道歉又有什么作用呢？说句心里话，当时可能除了会影响顾客的心情之外，真的没有什么大的作用，毕竟即便你不喜欢邮局的态度，但是你还是要在那里办理自己的业务。事实上，道歉的力量只有在日程月累之后才会爆发出惊人的魅力。回头去看那些成功的公司，会发现它们的工作人员无论是在电话咨询时，还是在面对面的沟通交流中，都会表现得彬彬有礼，会因为一点失误而向顾客道歉。或许大部分公司都认可“顾客就是上帝”的理念，但真正将这一理念付诸实施的企业并不多，而最成功的企业也往往是那些为数不多的懂得道歉的企业。

　　郑刚在北京上班，每天都要挤地铁。一次，因为出发得有点晚，所以赶得也有点急。眼看着地铁门就要关上了，他赶紧冲了上去，结果不小心踩到了一个小朋友的脚。郑刚本打算道歉，结果一看是个小姑娘，也就没当回事，把到嘴边的话又给咽了回去。谁知站在旁边的一位中年男子朝郑刚瞪了一眼，嘴里咕哝着说：“现在的年轻人真没礼貌，踩到别人连3岁的小孩子都知道应该道歉，结果还不如3岁的小孩呢！”

　　郑刚不清楚对方和小姑娘是什么关系，便回嘴说：“又没踩到你，关你什么事？”

　　这下可好，中年男子刚才还像步枪一样的咕哝立马换成了重型火炮般的回击，两个人互不示弱，差一点就要动起手来。这时，刚才被踩的小姑娘站在两人中间说道："爸爸，你别和叔叔吵了，刚才他只是在我鞋上蹭了一下，没有真正踩到我，我一点也不疼。"

听完小姑娘的话，郑刚和孩子的爸爸都停止了争吵，当着众人的面，都感觉挺不好意思的。

其实，遇到这种情况，不管是否真的踩到了对方，道个歉终归是明智的选择。不管是对亲人还是对陌生人，大事还是小事，勤于道歉，才是有修养的行为，也才是充满智慧的表现。

让道歉成为生活中的特效润滑剂

道歉有一种非常神奇的作用，它可以让友人重归于好，让婚姻幸福美满，让邻里关系和睦，让同事相处融洽……总之，它是人际关系中不可或缺的特效润滑剂。

自行车胎破了，需要用胶水将破洞补上，同样，人与人之间的关系破裂了，也需用一定的材料把它补上，无疑，道歉就是比较实用的"胶水"。补好的车胎从外表看不出任何瑕疵，由一方道歉而重归于好的感情也会更加亲密。人心终归不是硬铁冷石，当别人诚挚地向你道歉时，谁能无动于衷呢？原谅别人的错误也是一种宽容，这份宽容对健康和情绪都大有好处。

真正的道歉并非认错，而是表示承认自己的言行破坏了彼此的关系，所以希望通过道歉来强调这种关系的重要性，并希望能重归于好。

罗斯福总统很擅长维护同新闻记者的关系。

一次，《纽约时报》的记者贝莱尔被派驻白宫，依照惯例，由白宫新闻秘书引领前去谒见总统。秘书问道："总统先生，你是否认识《纽约时报》的费利克斯·贝莱尔？"

"不认识，不过，我读过他的东西。"一个浑厚有力的声音传了过来。这句话说得很棒，连措辞都是行话，"我读过他的东西"，也意味着自己是他们中的一员，又与他的身份相称。初次见面就营造了不错的氛围。

不过，罗斯福也有不近情面的时候。一次，罗斯福在记者招待会上长篇大论，措辞激烈，而贝莱尔在下面却睡意蒙眬，无精打采。总统突然大声喊道："贝莱尔，我不管你代表哪家媒体，但是既然在这儿，就得做笔记！"对贝莱尔来说，总统的大喊大叫使他难受得简直想找个地洞钻下去。但冲突归冲突，罗斯福下来后仍同大家互相谈笑，交换意见，气氛也极为融洽。他甚至给记者取绰号，叫贝莱尔"鲁汉"，因为罗斯福认为《纽约时报》过于严肃，应该有一个叫"鲁汉"的人……双方的关系在玩笑中又恢复了"元气"。

还有一次，罗斯福在记者会上斥责一名记者，可他立刻明白，自己的斥责过重过严。

事后，这位记者先来向他表示歉意，说他前晚玩牌有点儿晚，导致今天状态不佳。

而罗斯福却说，扑克牌是娱乐消遣的好方法，他好长时间没玩了。说完，他转身让秘书去搞一顿自助晚餐，并和他们玩牌，以此来弥补自己的失礼行为。

罗斯福敢训人，也善于反思自己，错了就道歉，这一点值得每一个人学习。当然，道歉时也会出现对方不原谅或者碰钉子下不来台的情况，那么该如何应对呢？首先要明白，既然是自己错了，人家生气也是合情合理的，这颗苦果还得自己吞，同时相信对方最终会谅解自己。其次，要养成从主观上找出原因的习惯，也要看自己道歉的方式、场合是否恰当。

道歉并非耻辱，而是一种有教养的体现。既然是道歉，认错就一定要出自真心，否则非但没有效果，还会让自己陷入更加不利的境地。

有时候，自己平时没有道歉的习惯，或者需要道歉的人与自己关系比较特殊，导致道歉的话说不出口，可以用别的方式代替，比如送一束花、一件小礼物等来表达歉意。

如果应该道歉，自己也决定道歉，那就立刻行动，因为时间的长短同道歉的效果成反比。

当面道歉，一定要看着对方的眼睛，说话要诚恳，切忌拐弯抹角。如用信件道歉，最好写上"对不起"三个字，并附带一些自制的小礼物。这就表明，自己愿意承担部分或全部责任，请求谅解。

换个角度讲，假如错在他人，结果却没向你道歉，也不必闷闷不乐。如果实在憋不住，可由他人转达或者发信息给对方，告知你的疑惑。如果对方确实有道歉的诚意，一看到此信息，会立马给你回复。

如果对方始终没有回复，那么也不必介意，这不正是检验朋友关系的一次很好的机会吗？

道歉的目的不只是认错，
还有化敌为友的效果

道歉的官方解释是表示歉意，特指认错。那么道歉就真的只是认错吗？事实告诉我们，认错只是道歉的一个目的，如果在道歉的时候能够把话说到点子上，还可以获得其他好处，比如化敌为友、消除隔阂等。

1755 年，当美国第一任总统华盛顿还只是一位上校的时候，为参选弗吉尼亚州议会的议员，参与了一场辩论。辩论时，一个叫威廉·佩恩的人和他发生了异常激烈的争吵。盛怒之下，华盛顿说了几句冒犯佩恩的话，于是，一时冲动的佩恩就上前将华盛顿打倒在地。华盛顿的部下见状，立刻上前将佩恩按倒，打算替自己的长官报仇。但是，缓过神来的华盛顿阻止了部下的行为，并命令放了佩恩，还让他们返回了营地。

隔天，华盛顿托人给佩恩捎了一张纸条，约他到附近一个酒馆见面。佩恩以为华盛顿想和他单独决斗，就应邀前往。令他深感意外的是，迎接他的不是枪支、拳头，而是酒杯。

"佩恩先生，"华盛顿诚恳地说，"人人都有犯错的时候，对我而言，能够纠正错误就是一件非常开心的事情。昨天我就在你身上犯了一个严重的错误，因为一时冲动而冒犯了你。不过我相信，你在某种程度上也获得了满足。如果你认为这件事情可以过去的话，那么我希望咱们可以握手言和。"

佩恩先生欣然接受了华盛顿的建议，后来他们还建立了深厚的友谊，并且佩恩也从原来的激烈反对者转变为华盛顿的坚定拥护者。

有句老话叫"不打不相识"，可见初始的矛盾、冲突并非完全是坏事，它有可能转变为你和对方建立亲密关系的契机。这个契机能否生效，关键看一方能否把道歉的话说到点子上。有些人因为原始的固执加上粗浅的目光，从来都不会主动修补与他人之间关系上的裂痕。或许他心里面认为不过是得罪了一个人罢了，况且还获得了侮辱对方的快感。殊不知，日后在通往前方的路上，给自己设坎儿的也许正是这个人。相反，如果当初主动道歉，和这位昔日的"敌人"成为朋友，那么你也就不必担心在什么地方会遇到他这道坎儿。

乔斌大学毕业后进入一家刚成立的公司给老板做助手。一次，老板突然就冲着乔斌吼道："再没有比你策划的这个方案更糟糕的了，如果你把它打印出来，我们公司都会成为整个行业的笑柄。"

老板指的是乔斌花了将近一个星期才完成的一个化妆品宣传策划案。乔斌默默地听着，没有为自己辩解，最后说："方案做成这样，可能跟我经验不足有关吧，我会尽快弥补这个短板的。"

老板继续说道："方案里面不要体现别的公司的化妆品比这款卖得好，否则会引导消费者都去买那家公司的化妆品了；另外，你为这场活动提出的预算比化妆品所能获得的潜在利润都多，这不是要公司破产吗？"

乔斌回答道："都怪我缺乏经验，我一会儿就着手把这个方案重新修改一遍。"

"不用了，"老板说道，"我已经在你做的方案上进行了修改。我知道你为这个方案付出了大量的时间和精力，而且你犯的错误每个没有经验的人都会犯，你也不要太放在心上，以免影响了其他的工作。而且，我相信类似的问题你以后会慢慢解决的。"老板的怒气就这样慢慢平息了，他也意识到自己不应该对一个刚毕业的大学生发这么大的火。

乔斌说的话不多，但巧妙地达到了自己的目的：既承认了错误，也解释了原因。这种方法让听者易于理解，同时也愿意去原谅他的失误。

从这个例子中，我们也可以看到，真正的道歉不只是承认错误，还要勇于承担责任，为维系与他人的关系做出适当的忍耐。

学会主动陪礼，
让道歉成为保护自己的盾牌

电影《窈窕绅士》中有一段极为搞笑的场景：林熙蕾饰演的女主角为了将孙红雷饰演的男主角从一个暴发户改造成翩翩君子，手里拿着一瓶辣椒水，要求男主角不管说什么都要以"对不起"开始，以"谢谢"结束，否则就用辣椒水喷他。尝试了几次辣椒水的威力之后，男主角终于转变性子，养成了不管说什么都不忘加上"对不起"的习惯，最后还真的有点"窈窕绅士"的模样。

我们当然不能在会道歉和绅士之间画等号，但这个故事至少让我们明白了一个道理：道歉的话说到点儿上了，还能保护自己。一句"对不起"可以让莽夫变绅士，貌似神奇，其实这只是道歉的智慧。当父亲扬起巴掌准备教训不听话的孩子时，突然听到一句"爸爸，对不起，我错了"，他会作何感想；当夫妻闹矛盾争吵，火药味十足，一方缴械投降，并真诚地说"对不起，这件事主要责任在我"时，另一方会作何感想；当领导的批评像失控的铁球一样朝自己身上砸来，下属趁机赶紧说"对不起，是我没有考虑周全"时，领导会作何感想？有时候，一句"对不起"真的会成为保护自己最有力的盾牌。

唐芬在一家火锅店当服务员，周末的时候，遇到了一位难缠的女顾客。她先把菜单递给顾客，让对方选择底料和需要的菜品，自己站在旁边等待，结果对方看了将近20分钟也没有选好。这时，店里的顾客越来越多，唐芬便撇下这位女顾客去招待其他顾客。没想到，女顾客一见唐芬走了，脸色顿时大变，大声嚷嚷着："你们这是什么服务态度啊！明明是我先来的，凭什么把我撂在这里不理不睬？"随后，她拿出几张百元大钞，往桌子上一拍，又嚷道："是怕我吃饭不结账吗，还是嫌我点的菜太便宜啊？"

如果是一般的服务员，面对这种不讲理的顾客，肯定会和对方发生正面冲突，好在唐芬是一位老员工，经验比较丰富。她压住自己的情绪，向其他顾客打过招呼后，快速走到这位女顾客那里，解释道："对不起，请您原谅。最近店里生意比较忙，对您照顾不周，让您久等了。谢谢您对我们作出如此坦率的批评。"

唐芬几句话说完，女顾客顿时羞愧难当，不好意思地笑了笑，说："哎，也不是，刚才我说话也有不中听的地方，也希望你别介意。"说完，就把自己填好的单子交给了唐芬。

等女顾客结账的时候，唐芬还亲自把对方送到门口，顺便塞给对方自己店里的一个纪念品作为礼物。后来，这位女顾客成了这家店里的常客，而唐芬也因为自己的机智赢得了晋升的机会。

唐芬在关键时刻，能够稳住自己的情绪，诚恳地说出"对不起"，这不仅压住了对方的火气，还让对方觉得不好意思。我们总说"有志不在年高"，其实有理的人也不在"声高"。说话不一定要振聋发聩、咄咄逼人才有分量，像唐芬那样，用道歉、谦让的方式本身就能赢得他人的尊重，而自己的尊严也会得到保护。

刘威是一个货车司机。一次，他载着几位朋友行驶在公路上，边开边听音乐。由于他的车开得比较慢，又行驶在路中间，而公路又比较窄，导致后面的面包车无法超车。面包车按了好几次喇叭，刘威都没有听到。终于面包车看准了时机，从刘威的车侧面超了过去，并停在他的车前，挡住了刘威的路。从面包车上下来几个人，对刘威一顿臭骂，而刘威的同伴也不甘示弱，纷纷挽起袖子，打算干架。这时，刘威赶紧走到大家中间，充满歉意地对面包车里的人说："各位朋友，挡了你们的路，是我不对，也确实该打，但我真的不是故意的，看在这个份上，你们一会儿动手的时候，最好轻点、快点，也别耽误你们赶路。"

听刘威这么一说，对方都忍不住笑了出来，说："算了。"就这样，危机被刘威的一句调皮的道歉话化解了。

不要在心理上形成认为说"对不起"是件没面子的事情。相反，在明知自己"对得起"的情况下还能够低下头向对方说"对不起"，不仅是一种勇气，也是做人的智慧。当我们想向他人解释某件事情时，如果一味强调客观条件的不足，或者总是替自己辩解，那么对方会觉得你是想抵赖或者推卸责任。对方一旦有了这样的认识，那么你的解释越多，就会把自己的路堵得越死。向他人解释的时候，不管理在哪边，都不妨像《窈窕绅士》中孙红雷饰演的主角一样，先说"对不起"。

面对他人的刁难、指责，学会放低姿态，主动赔礼，会充分显示自己的诚意。当然，低姿态不是一味地任凭别人摆布，而是把"理"讲到位，同时把"礼"做到位。如果道歉之后对方仍继续嚣张，此时再考虑"后兵"的战略，也不会让你在道义上处于劣势。

第五章

能言善辩，让对方心服口服心悦诚服

诡辩的威力超出了一般意义上的说话

辩论无非就是说话，但它的威力绝对超出了一般意义上的说话，也迥异于口传纸录的话。辩论可能算得上说话里面除了骂人之外，进攻性和目的性都最强的语言。如何能把这种语言艺术发挥到最佳状态，除了勤学苦练之外，还需要在细节上上心。能辩得过对方固然最好，处于劣势时也能让自己全身而退，这才是辩者应有的智慧。

诡辩在很多人看来就是把真理说成是谬误、把谬误说成是真理的狡辩。所以诡辩往往也是颠倒是非、混淆黑白的代表，其贬义之处也十分明显。说到诡辩，人们很自然地就会想到战国名家代表性人物公孙龙"白马非马"的辩论。在这一命题中，公孙龙从马的属性、颜色等推导出"白马非马"的结论。虽然让主流思想接受这样一种逻辑不太现实，但哲学也不否认"白马非马"在特定文化背景下有其独特的含义。在现实生活中，如果是就事论事的辩论，只需事实到位，逻辑清楚，就会立于不败之地；然而，如果遇到的是反逻辑的诡辩，最好的应对办法就是以诡辩对诡辩。

谭政所在的学校明令禁止在校园里穿拖鞋。一天，当他穿着拖鞋走进教室时无意中被跟在后面的班主任看到。

老师显然很生气，当着全班同学的面对他嚷道："学校规定学生不能在上课的时候穿拖鞋，我也在开会的时候特意跟大家交代过，为什么你还要穿拖鞋？"

谭政大声回答："老师，我没穿拖鞋啊！"

"没穿拖鞋，那你脚上的是什么？"老师提高了嗓音反问道。

"是凉鞋啊！"谭政低头看了一眼自己的鞋子，语气坚定地说道。

谭政脚上穿的原来确实是一双凉鞋，后来他把脚后跟的带子剪掉了，所以现在看上去和拖鞋没什么两样。此时，全班同学的目光都聚焦在谭政身上，想看他怎么脱身。

"既然后带都剪掉了，怎么会还是凉鞋？"老师有点恼火。

"当然还是凉鞋了，就像我们不能因为一个人缺条胳膊少条腿就认为他不是人吧？"谭政鼓足勇气反驳道。

这会儿，下面的同学反而替班主任捏了一把汗，担心她下不来台。班主任显然没料到谭政会来这么一出，先是一愣，紧接着就恢复了镇定，心平气和地说道："你的话不错，但你的辩解是错误的。凉鞋之所以是凉鞋而非拖鞋，最主要的判断依据就是它的后面有带，就像一个人，如果他的头都没了，你还会认为他是一个人吗？"

听完班主任的教导，谭政就像泄了气的皮球一样，垂下了头。

班主任对谭政诡辩的反击可谓直逼其要害，也抓住了问题的关键，即凉鞋与拖鞋的根本区别在于它们是否有鞋后带。班主任根据这点编造了另一个诡辩，即一个人的头要是掉了，那他就不再是人了，并以此推翻谭政的言论。

李华是一个农村女孩，因为没考上大学就到广州打工，具体工作是在当地一所大学打扫卫生。一天，当她和工友辛辛苦苦干了半个小时终于把教学大楼的走廊打扫干净，有个女大学生装在侧兜里的果皮屑就掉在了地上，女大学生回头看了一下也不打算捡，就往楼道走。工友把女大学生拦住，还和对方发生了争论："怎么可以在地上乱扔果皮纸屑呢，况且我们才刚打扫干净。"

"如果不是我们把地上弄脏，你们干什么，要是连工作都没了，你们吃什么？"女大学生顶撞道。

李华本不打算干涉，听女大学生这样讲，觉得对方实在是太无礼了，决定替工友出一口气，便说道："既然你这么热心肠，那好，我们明天统一改行去火葬场上班，那么也请你来照顾一下我们的工作。"

听李华这么一说，那位女大学生顿时哑口无言，愣了半天才不情不愿地回去把自己掉在地上的果皮屑捡起来扔进了垃圾箱。

在辩论中，如果对方运用诡辩，那么就一定存在可以抓住它"小辫子"的盲点。然后，再针对这一盲点进行毫不留情的"反诡辩"，从而达到批驳对方、阐明自己观点的目的。

黑格尔曾经对诡辩作过一段深刻的论述，他指出："诡辩这个词通常意味着以任意的方式，凭借虚假的根据，或者将一个真的道理否定了，弄得动摇了；或者将一个虚假的道理弄得非常动听，好像真的一样。"所以，诡辩的威力固然很大，但用的时候一定要分清场合，不能为了突显自己的个性，信口开河地展现自己思维的独特。

巧用矛盾逆推理，以谬制谬更有说服力

《韩非子·难一》中记载了一个非常有趣的故事，说有个卖矛和盾的楚国人，夸盾的时候说它很坚固，什么东西都刺不穿；夸他的矛的时候，又说它很锋利，什么东西都挡不住。有一个人问如果用他的矛刺他的盾会怎样，结果这个楚国人无言以对。日后人们便用"矛盾"来形容互不相容的现象或问题。事实上，在和他人发生观点碰撞的时候，也要善于从对方的逻辑里面发现瑕疵，然后进行逆向推理驳倒对方。

一天，有个年轻人拜访爱迪生，说想到他的实验室里工作。爱迪生便问他有何志向，年轻人说道："我想发明一种能溶解一切物品的万能液体。"

爱迪生惊奇地问道："那你打算用什么材料的器皿来装这种液体呢？"

年轻人顿时哑口无言。

很显然，这个年轻人犯了一个和两千年前那个楚国人一样的错误，都太贪心了，结果陷入一种自相矛盾的思维陷阱。爱迪生正是从对方"溶解一切"的概念出发，指出其最基本的疏漏，自然而然地就驳倒了对方的观点。谁都知道，要发明一种可以溶解一切的万能溶液，就必须找到一个盛放它的器皿，这是最基本的常识。事实上，如果有盛放这种溶液的器皿，那就证明这种溶液不是万能的；如果没有盛放这种溶液的器皿，那么溶液就会因为找不到存放的地方而永远也不可能发明出来。

洞察到对方观点的谬误之处，再看对方的论据是否能够合情合理地支持这一观点。如果发现其中有矛盾之处，就用逆向思维，将其谬误之处一针见血地指出来。

采用这样的方法进行辩论时，要选择好进攻点，即将其中最不合理的部分拿出来作为突破口，然后从上往下进攻，让其结果难堪。

俄国作家赫尔岑有一次受朋友之邀参加一场音乐会。可是音乐会刚上演没多久，赫尔岑就不耐烦地用双手捂住耳朵，甚至打起盹来。此时，女主人就坐在旁边，对赫尔岑的行为感到非常惊奇，推醒赫尔岑问道："先生，难道你不喜欢这些音乐曲目吗？"

赫尔岑摇摇头，用手指向演奏台说："这些音乐都太低级了，没有什么好听的。"

女主人很不高兴地对赫尔岑说："今天晚上演奏的这些曲目可都是流行乐曲呀！"

赫尔岑反问道："流行的难道都是高尚的吗？"

女主人显然不服气，不以为然地反问道："如果这些曲目不高尚，它们怎么会流行起来呢？"

赫尔岑听了女主人的回答，风趣地说："照你的意思讲，流行感冒也很高尚了！"

在这个故事中，赫尔岑将女主人"凡高尚必将流行"的谬论加以渲染，并以此推导出了"流行感冒也很高尚"的谬论，对方自然无法反驳。

辩论需要先下手为强占据主动权

辩论主要是在"争"什么？有时候，不是能力、技巧，而是主动权。人们也常说"先下手为强，后下手遭殃"。所以，有时候谁掌握了主动权，谁就可以做到先发制人。

与对手短兵相接，面对面辩论时，如果论据充分，就要直接驳斥对方的核心论点，指出其明显违背事实或常理的地方。这就好比在战争中，一旦发现对方的老巢，就调集重火力对其老巢猛烈进攻一样。

1988 年，在"亚洲地区大学生辩论赛"的一场预赛中，新加坡国立大学队对香港中文大学队，辩题为"个人功利主义是社会进步的最重要的因素"。辩论一开始，站在反方的香港中文大学队就以反问的方式进行猛攻，其中一名队员指出："孙中山领导辛亥革命推翻中国的封建制度，难道是因为个人功利主义吗？爱迪生发明电灯造福人类，难道是因为个人功利主义吗？"

在这轮辩论中，香港中文大学通过列举两个无可辩驳的历史事实，既表明了姿态，又让对手陷入了被动。将历史事实作为反驳对方的论据，自然有很强的说服力；另外，在一开始就采取主动攻势的另外一个好处，就在于它可以让自己在心理上占据比对方更优越的位置。

辩论虽是舌战，但绝非像泼妇骂街，而是要综合考虑攻守，进而采取最有利于自己的战略。虎头蛇尾的强攻或者忍气吞声的防守都可能置自己于死地。孙子曰："备前则后寡，备后则前寡，备左则右寡，备右则左寡，无所不备，则无所不寡。"正如《战争论》的作者、德国军事理论家和军事历史学家克劳塞维茨所言："进攻就是最好的防御。"辩论最有效的战略就是主动进攻，因为只有这样，才能掌握主动权，有了主动权，整个辩论赛场就是你的主场。当然，主动不代表盲目，进攻亦要讲究技巧，唯有这样才能取得最好的效果。

除了正面强攻之外，也可以采取侧面、包围、迂回等手段达到占据主动权的目的。所谓侧面进攻，就是当对方论点看似无懈可击，一时找不出其中的破绽时，先不与其进行正面交锋。等对方在辩论过程中出现漏洞时，再对其穷追猛打。所谓包围进攻，就是当对方的分论点很复杂或者难以理解的时候，将对方的核心论点分割开来，并逐一进行反驳。等这些分论点瓦解了，其核心论点的构架自然也会解体。而迂回进攻就是在对手论据充分、辩词无可挑剔时，从对手的辩论态度、讲话风度等方面展开诘难。

下面讲一个侧面进攻的故事。

1966 年，作为演员出身的里根和布朗共同竞选加利福尼亚州州长一职。为了诽谤里根作为演员的出身，布朗的助手们苦心编了一个电视节目，其中，布朗向一群小学生问道："林肯总统是被谁暗杀了的，他的职业是什么？"这里说的正是暗杀林肯的演员约翰·威尔克斯·布斯。然而，这期节目出现了漏洞，被里根的竞选班子抓了个现行，结果自然适得其反，还让里根赢得了无数张同情票，结果，里根以绝对优势顶替布朗成为加利福尼亚州新一任州长。

里根是演员，这和刺杀林肯的布斯有什么关系呢？布朗的失误就在于"抓了芝麻，丢了西瓜"。

在辩论中，如果因为准备不足而出现漏洞，就等于把原有的主动权拱手让给了对方。得此良机，对方自然会毫不留情地反击，所以，漏洞往往是辩论胜败与否的关键转机。

在一起盗窃案的审判中，法官问一名窃贼："你在本市的两次盗窃中都偷走了哪些东西？"谁知窃贼却矢口否认，还说自己只是到市里来走亲戚，并非偷东西。面对窃贼的狡辩，法官问道："既然是走亲戚，那为什么说不出亲戚的名字？既然是走亲戚，为什么还随身携带匕首？既然是走亲戚，那为什么大半夜到处乱跑？既然说亲戚在市里面，那你在郊区乱转悠什么？"

"这……"听完法官的连续盘问，窃贼顿时瞠目结舌。

法官一看窃贼对自己的案情有狡辩的先兆，不等对方多作解释，通过四个铿锵有力且连珠炮式的提问,让对方的疑点一一暴露出来。这种先发制人的辩论技巧,不给对方任何辩驳的余地,可谓大快人心,也为案件的审理省了不少时间和人力方面的成本。

在辩论中,谁掌握了主动权,谁就会在辩词和心理上同时占据优势,而这是辩论胜利的关键。所以,在进攻过程中,一定不能放过任何一个可以对其穷追猛打的机会。一旦发现,就主动出击,方可一举取胜。

巧用类比，直指核心让说服更有力

要想在辩论的时候把话说到点子上，必要的大道理是不可或缺的，但是一味地讲道理，只会让大家反感，或许有一天连自己也会说腻。此刻，如果巧用类比法，既可以让自己的语言显得活泼生动，还可以抓住对方问题的核心，让事情的发展达到事半功倍的效果。

所谓类比，是指将有相似特点的事物连在一起，从而将它们共同的实质突出而又机智地揭示出来。

曲丹青在浙江经营着一家皮具制造厂，因为诚信经营，货真价实，生意也非常红火，不过这也引起了一些同行的嫉妒。

有一次，曲丹青在网上接到一个订单，要做 4000 个高级皮箱。后来，他和对方负责人见了面，并签订了合同，承诺两个月后交货，如果到时候没有按期完成或者皮具质量不符合合同的要求，需向对方赔偿高额损失费。

两个月后，曲丹青准时交货，可对方却刁难说："合同上明明写着定做皮箱，可你们生产的皮箱中有太多木料，所以不是皮箱。"说完后，对方还要求曲丹青赔偿他们高额损失费。曲丹青当然不会服软，拒不赔偿，结果对方立即向法庭提起控诉，并要求曲丹青按照合同要求赔偿损失。

虽然明知对方是在敲诈，但一时也不知道该如何为自己辩护。好在曲丹青的一个大学同学在杭州开了一家律师事务所，专门打一些行业欺诈和变相敲诈的案子，就派了一个经验丰富的老手协助曲丹青。在法庭上，只见这位律师什么也没有讲，而是把自己手腕上的金表举起来，高声地问法官："请问法官大人，我戴在手上的是一块什么样的表？"

"金表啊，可这和本案有什么关系？"法官不解地问道。

"我认为关系非常大。我想再问一下，这块金表除了表面的镀金之外，内部的零件、指针什么的也都是金制的吗？"

"当然不是了，这谁都知道。"还没等法官开口，台下的议论声已成一片。

律师接着说："既然这块金表并不是纯金的，那人们为什么还叫它金表呢？这和有木料的皮箱有本质的区别吗？据此，我想对法官大人说，原告纯粹是在无理取闹，想故意敲诈我的当事人。"

因为律师的出色辩论，原告也理屈词穷，最后还被罚款8000元了结此案。

这位律师在辩论中就非常巧妙地运用了类比的方法。他把金表和皮箱进行对比：金表并不会因为内部的零件不是金的就不被称为金表；同理，皮箱也不能因为里面有几块木料就不是皮箱。

辩论终究要考验双方的反应能力，很多人在说话的时候使用类比往往只是灵机一动，很少有时间去思考这种类比的合理性。因此，要想熟练掌握这种辩论方法，还需要在平时多下点功夫，避免让类比走入诡辩的歧途。

有一次，晏子即将出使楚国，楚王想当众羞辱他一番。

晏子来到楚国后，楚王请他喝酒，正高兴的时候，两个卫兵绑着一个人来到楚王面前。楚王问："被绑者何人？"

卫兵回答道："这个人来自齐国，刚犯了偷窃罪。"

楚王看着晏子问："齐国人都很喜欢偷东西吗？"

晏子起身离开座位回答道："齐国人在齐国勤勤恳恳地劳作，一到楚国，就开始偷盗，莫非楚国的水土能够让百姓养成偷东西的习惯吗？"

楚王见羞辱不到晏子，反倒让自己感到羞愧，于是笑着说："圣人真是不能同他开玩笑的，是我自讨没趣了。"

晏子开始并不知道楚王会用这种方式刁难自己，但却用了一个最恰当的例子对其进了反击，不仅直接戳到了对方的痛处，还直指问题的核心。

偷换概念，移花接木的技巧说服力极强

有些人一看到"偷"字，就感觉这种方法非君子所为。事实上，两千年前的孙武就已经知道"兵者诡道"的道理，更何况我们这些现代人。说话有原则固然没错，但在面对不同的人，针对不同的事时，要采用灵活的技巧还是非常有必要的。

所谓偷换概念，就是针对一些容易产生歧义的概念，作修饰语、所指对象等方面的改变。比如有人说"这个报告我写不好"，这句话的歧义就在于，到底是"我"写不好，还是"我写"不好。前者侧重于能力，后者侧重于身份方面的不适合。如果结合说话的具体场景，甲明明知道对方说的是前一个意思，却故意问"你写不好，那谁写合适？"这里面就运用了偷换概念的技巧。

再比如一个年轻人在逛公园的时候，不小心把一个木制的椅子给弄坏了，管理员让他赔，年轻人却反问："为什么要我赔？"管理员说："损坏公共财物就应该赔偿。"年轻人却说："作为'公共'的一分子，公共财产也有我的一份，刚才我弄坏的那个就当是我的那一份吧，总不至于还让自己赔自己的东西吧？"在这个例子中，年轻人故意混淆集合概念和非集合概念，因为"公共财产"是集合概念，也就是说它是无法分割的整体，而年轻人为了逃避责任却故意按照自己的想法把它当成非集合概念。

1926年，鲁迅到厦门大学教书并兼做研究工作，当时的校长林文庆经常克扣办学经费，本想有所作为的鲁迅对此非常不满。一次，林文庆把研究院的负责人和相关教授都找去开会，提出要缩减经费。虽然大家都提出了反对意见，但林文庆依然不予理睬，反而无情地说："学校的经费都是有钱人出的，你们在这嚷嚷有什么用。只有有钱人，才有发言权。"

　　这时，在一旁已经忍了很久的鲁迅走出来，顺手从口袋里摸出两个银圆放在桌子上，振振有词地说："林校长，我有钱，现在可以发言了吧。"林文庆压根儿没想到有人会来这么一出，顿时手足无措，不知如何是好。

　　紧接着，鲁迅有理有据地把缩减经费的弊端系统地讲了一遍，教授们纷纷点头。林文庆一时也找不到可以反驳的理由，最后只能作罢，并收回自己缩减经费的主张。

　　在这个故事中，谁都知道林文庆讲的"有钱"和鲁迅说的"有钱"完全就是两码事，但鲁迅巧妙地利用了人们潜意识里对"有钱"的直观理解，为自己的发言找到了一个合情合理的理由。

　　移花接木与偷换概念类似，但依然有自己的特点，它是通过剔除对方论据中不好的一部分，换上对自己有利的点，进而达到四两拨千斤之效。比如，在辩论场上，一方为了证明"行"比"知"难，就说道："要是行简单，孙行者为什么不叫孙知者？"另一方顺势说道："对方辩友可能不知道，孙行者只是大圣的小名，他还有一个法名叫'悟空'。'悟'是不是'知'的意思？法名是不是比小名更正式？所以，按照你们的逻辑，大圣也认为'知比行难'，对吧？"

　　在一般的辩论中，移花接木的难度较大，用的人不多，但真正用到位了，其说服力极强。当然，辩论现场风云变幻，不是随时都有"悟空""行者"这样的素材可供提炼，所以，更多的"移花接木"需要从对方的观点、立场中进行归纳和演绎。

第六章

攻守有方，天下没有谈不成的事

适时沉默，汇聚力量以威慑对方达到目的

与辩论那种你死我活的游戏不同，谈判的目的是为了在不损害自身利益的情况下让双方利益最大化。当然，维护对方利益并非你的义务，如果不懂得谈判的技巧，对方甚至还会明目张胆地损害你的利益。所以，即使不是为了让自身利益最大化，也不应该吃一些因嘴巴没跟上而在实际利益方面受损的亏。把谈判的话说到点子上，除了具备相关领域的专业知识外，还需要一定的阅历、经验，这就要求谈判者在正式谈判前要做足功课。

沉默既可以表示无声的赞许，也可以表达强烈的抗议，所以沉默可以蕴含丰富多彩的内容，运用得当就是拿最小的成本换取最大的利润。当然，沉默并非模棱两可的表现，反而能在一定的语境中，表达出异常明确的态度，从这个层面讲，沉默也是话语的延续，内容的升华。

艾华是一名职业律师，他全权代表自己的客户与一家保险公司交涉相关赔偿事宜。

理赔员先发话："艾律师，我知道你口才很好，而且在涉及巨额款项谈判方面的经验也很丰富，但恐怕我们无法接受你们的开价，我们公司只能开出10万的赔偿金，你觉得怎样？"

根据以往的经验，艾华知道无论对方开出怎样的条件都应该对其表示不满，此时，没有比沉默更好的表达不满的手段了。所以，艾华表情严肃，沉默地看着对方。其实，谈判过程中的讨价还价是高潮部分，此时的沉默也暗示着对方提出第一套方案之后，会根据你的反应来判断是否再拿出第二套、第三套方案。

果不其然，理赔员等了一会儿，看艾华始终不表态，有点沉不住气了，说道：

"抱歉，请不要介意我刚才的开价，12 万你觉得如何？"

艾华沉默了一会儿后说道："抱歉，接受不了。"

理赔员继续说道："那 13 万总可以了吧？"

艾华依旧沉默了一会儿才开口说道："13 万？嗯……我不清楚。"

理赔员显然是有点心慌了，因为这个案子如果再拖下去，对自己公司的形象就会造成负面影响。思索了片刻，理赔员又开口说道："好吧，那就 14 万吧，再多的话就超出我们可以忍耐的极限了，到时候只能让法院来解决了。"

艾华感觉对方确实已经做出了最大的让步，而且也已经达到了委托人 13 万的最低赔偿要求，决定是时候"收网"了。但他没有立刻答应，而是又沉默了一会儿，表情还很严肃，甚至有点愁眉不展，最后说道："我知道你们也是在尽最大的力量解决这一问题，但我也有自己的使命。这样，你们就赔偿 15 万吧，今天这个事情做个了断，回去后，你向公司汇报，我向自己的委托人说明，说不定咱们以后还有更多的合作空间。"

就这样，一场充满沉默的谈判，让对方的赔偿金增加了 50%。

谈判是考验脑力和耐力的场合，双方要互相揣摩对方的心理，并就对方的反应做出灵活机智的应对。在谈判过程中，如果一方不表明自己的态度，只用沉默或"不知道"应对，就会给另一方造成不必要的心理干扰，进而让对方提出有利于自己的条件。在上述谈判中，艾华就是利用这一战术让保险公司的理赔员不断为赔偿金加价。

当然，谈判也不一定是在桌子旁展开一对一的正面交锋，也可能是生活、工作中的琐事，此时，巧用沉默也可以达到震慑对方的作用。

老谭是某公司的领导，某天交代秘书小张去办一件紧急又棘手的差事。当然，老谭知道小张有这个能力去做好这件事。不过，与以往的唯唯诺诺不同，小张这次竟然和老谭谈起了条件，还抱怨工作累、时间紧、任务重。其实，对于小张在态度方面的转变，老谭心里很清楚，就是因为和他同时来这家公司的一个小姑娘因为办事勤恳，不到半年时间就升职加薪，而自己虽然工作也很勤快，但领导一直都没有表态。老谭平时很随和，也很少给下属脸色，但这次为了挫挫小张身上的锐气，在他们"谈判"的过程中一直保持沉默，而且还用眼睛直勾勾地盯着小张看。小张刚开始还底气十足，结果越到最后越语无伦次，最后连自己都不清楚怎么就拐到了向老谭保证说："您放心，我保证完成您交代的工作。"

其实，沉默也并非完全不说话，有时候也可以通过转移话题来表达不满或者不屑，让对方意识到自己的想法有点出格，从而自动回避。总之在和别人谈判的时候，巧用沉默也会获得意想不到的能量。

谈判前的交锋会贯穿整个谈判过程

运动员在正式比赛前都会做热身运动，目的是让身体在接下来的运动中快速适应，进而争取到最好的成绩。同样，正式谈判前如果有条件，最好先和对方进行一场非正式的"谈判"，比如通过寒暄营造良好的氛围，聊一些和谈判无关的话题来获取谈判对手更多的信息等。这些被人们称为非实质性的谈判从表面上看价值和意义不大，但它的潜在影响会贯穿整个谈判过程，对谈判双方的情绪、思想，甚至行动等都有莫大的影响。

松下电器创始人松下幸之助刚出道时，就曾经因为经验不足被对手以寒暄的方式探到了自己的底细，导致自己的公司蒙受了巨大的损失。

当时，松下幸之助第一次去东京找批发商谈判，结果刚一见面谈判还没正式开始，批发商就走到他面前，非常友善地寒暄问道："我好像以前没有见过你，咱们应该是第一次打交道吧？"一般情况下，批发商在遇到自己不熟悉的面孔时，都会试探着问一下对方是老人还是新手，这样就可以在接下来的谈判中占得先机。因为缺少经验，松下非常礼貌地告诉对方自己是第一次来，什么也不懂，还请对方多多关照。就是这种或许在有些人看来极为平常的寒暄，让对方像获取重要情报一样抓住了要点。在正式谈判时，批发商直接问松下他的产品打算以什么样的价格卖出，松下如实告知对方说："我的这些产品做工精细，成本是 15 元，我打算卖 20 元。"

谈判过程中，批发商也揣摩到了松下急切在东京打开销路的愿望，便趁机开始杀价，说道："你可能对东京的行情还不了解，这里的竞争远比你想象的激烈，每件 17 元怎么样？"

松下既不了解对手的情况，也不了解东京的行情，就这样和对方达成了协议。后来松下才意识到，自己在这笔交易中吃了大亏。

松下在和批发商的这场谈判中之所以吃了大亏，问题的关键在于谈判前的"谈判"，当时对方以寒暄为名，探出松下的底细，进而在正式谈判中加以利用，占据了主动。可见，寒暄宜自然，但不可随意，否则吃亏的还是自己。

在美国有"销售权威"之称的霍伊拉很擅长在谈判中利用寒暄话题达到自己的目的。一次，他被派往一家百货公司拉广告，事先获悉这家公司的老板会驾驶飞机。接下来，在和这位老板见面作自我介绍时，顺口问了一句："你是在哪家机构学习驾驶飞机的？"就这样，一句话勾起了对方的兴致，结果整个谈判的氛围都非常活跃，最后不但广告拉到了，而且霍伊拉还被邀请乘坐对方的飞机，日后还和对方成了非常要好的朋友。

事实上，一个有经验的谈判者可以利用谈判前或者谈判中的各种间隙挖掘对手的信息，包括兴趣爱好、行事风格等。知道了这些，就能够轻易地把话说进对方心里，让谈判过程保持自然、流畅。

正所谓"知己知彼，方能百战不殆"，所以在谈判前不仅要非常熟悉自己的业务，还要尽可能多地了解对方。一般性的社交聊天，可以先从轻松的小事谈起，再根据各自的兴趣转换话题。在商务谈判中，因为目的性很强，所以即便是谈判前的聊天，也不能过于随意，而是时刻围绕有利于业务开展的方向进行。社交性质的谈话最好生动、幽默，而商务性谈判要始终围绕一个中心做严密布局。

有时候，能否掌握充足的资料，不仅关系己方能不能做出最佳的决策，还影响着能不能在谈判时说服对方，所以，谈判前的"热身"就显得尤为重要。谈判前收集到的和谈判主题、对手相关的资料越多，谈判桌上的优势就会越明显。

以退为进巧示弱，过于强势对己不利

中国有句老话叫"过慧易夭，情深不寿"，同样，过于强势反而会对自己不利。特别是在谈判桌上，有时候双方较量的不是临场的应变力，谁更强势，谁的声音更响亮，而是看谁更讲究策略、更能耐住性子。谈判桌上有两种人最难对付：一种是反应敏捷、伶牙俐齿的强者；一种是反应迟钝、犹豫不决的愚者。真正的愚者恐怕永远也没有强者的气场，但精明的强者却可以伪装自己，让自己看起来像弱者。

两家分别来自日本和美国的公司进行谈判，从早上 9 点一开始，整个局面就被美国公司的谈判代表牢牢地握在手里，他们还时不时地向日本公司的谈判代表发问。他们通过播放 PPT 详细地介绍各种图表、数据，但是日方代表一言不发，只是静静地坐在那里听着。两个小时后，美方代表关掉了放映机，心想日本人应该不会有什么反对意见了，便询问日方代表的看法。

一位日方代表面带微笑，略显失望地说了一句："我们还不太明白。"

"不明白？你能说一下是哪一块不明白吗？"

"都不明白。"

美方代表压住心中的怒火，问道："能说具体一点吗，从哪里开始不明白的？"

这时，另一位日方代表说道："就是从你们打开放映机开始播放的时候就不明白。"

美方代表顿时傻了眼，问道："那怎么办？"

第三位日方代表说："那就劳烦你再讲一遍吧！"

眼看马上就到吃中午饭的时间了，而且刚才是用了两个多小时才讲完的，如果再讲一遍，不知道要到猴年马月。美方代表就像泄了气的皮球，最后不得不放低要求，和对方达成协议。

美国公司准备得很充分，显然是有备而来的，日方代表如果和他们正面交锋，很难占到便宜，所以他们采用以退为进、大智若愚的办法，从侧面进攻对方的心理防线，最后如愿。

19世纪末，一家法国公司准备在哥伦比亚的巴拿马省开一条连通大西洋和太平洋的运河，经过谈判，最后双方达成了协议。工程如期开工，但该项目的法方负责人很快就发现，因为当地地形恶劣，工程进度比预想中的慢。没过多久，公司就因资金短缺导致运营陷入了困境。最后，综合考虑之下，法国公司不得不决定将巴拿马运河的开凿权准备以1亿美元的价格卖给美国政府。美国方面早就对巴拿马运河产生了浓厚的兴趣，此时却故作姿态，拿出一份报告说在尼加拉瓜开凿运河更省钱。报告中提到如果用1亿美元购买巴拿马运河的开凿权，还不如在尼加拉瓜开运河。

法国公司对美国政府的这种潜在想法大吃一惊，同时也担心美国政府会退出，就同意削价，只需4000万美元就可以了。

对于这样的价格，美国政府仍然感到不满意，就又提交了一套方案，说如果美国政府能同哥伦比亚政府达成协议，就同意开凿，否则还会选择尼加拉瓜。

这样，哥伦比亚政府也坐不住了，最后勉强同意以100万美元的价格长期租给美国一条运河区，美国每年另付10万美元的租金即可。

美国政府就这样，用"以退为进"的策略，让法国公司和哥伦比亚政府屈服，以低价攫取了巴拿马运河的开凿和使用权。

以退为进巧示弱就是让对方看到自己的"弱势"，从而让他们放松警惕，这样就容易掌握对手的真正意图。这个时候再想用什么方式取胜就是技术问题了。很多情况下，经验丰富的谈判高手的心理很难被摸清，这时就需要用分析和推断来为对方"把脉"。如果对方有打持久战的意图，不妨冒险以退出恐吓对方，等打破僵局后再谋出路。

想让对方在关键问题上让步就不要急于表现出来。当然，你可以在较小问题上先让步，不过最好不要草率，以免对方看出你的意图。谈判过程中需要吊对方的胃口，只有那些他们真正努力争取过的东西，才会让他们满意。所以，让步之前，先让对方争取。

能坐在一起谈判就说明需求是双向的，明白了这个道理，就应该利用对手的弱势，在谈判中采取以退为进的策略，弱化自己，隐藏企图。最后，等对方的忍耐到了一定地步时，再抓住机会迫使对方就范。

红脸配黑脸，巧妙软硬兼施演双簧

在谈判过程中，一味地和气、退让，有时并不能赢得对方的尊重、信赖，反而会让对方觉得你软弱；如果一上场就态度强硬、咄咄逼人，也会让对方觉得你缺乏诚意，从而给人留下不好的印象。此时，正确的做法就是"软硬兼施"。特别是在商业谈判中，强硬可以让对方感觉到你的决心，柔软可以让对方感觉到你的诚意，从而增进友谊，加深信任。

软硬兼施可以由一个人完成，比如先礼后兵，再由强变软，这样一波三折之后来促使谈判成功。事实上，软硬兼施如果由两个人来完成效果更佳，这就有点类似于双簧。双簧是曲艺的一种，一般由一个人表演动作，另一个人藏在表演动作者的身后或说或唱，互相配合。现在也比喻双方串通的活动，由一方出面，另一方背后操纵。不要以为双簧只有演员会演，事实上，很多谈判高手都是演双簧的达人。

在谈判过程中，由一个人扮演强硬派，也就是我们常说的"红脸"，在谈判开始时果断提出高要求，并坚决不退让；另一个人扮演温和派，即"白脸"，当谈判进行不下去的时候，他出来圆场，并负责寻求解决的办法。

伍斌是一家公司的销售总监，一次他们公司和一家大客户准备签订一份非常重要的合同，眼看马上就到签署日期了，结果代理费还没有谈出一致的结果。如果公司让步，就意味着每年多付几十万，相当于公司年利润的五分之一。

面对这种严峻的形势，伍斌想到了一个好办法。他决定让总经理出面和自己演一出双簧。总经理扮演红脸，态度坚定，激怒对方；伍斌扮演白脸，充当和事佬，挽留对方。刚开始，总经理还觉得这个方法有点冒险，后来听了伍斌的分析，觉得可以一试。原来伍斌已经对那家公司做过调查，得知自己的公司也是对方极力争取的客户，所以他们不会因为对总经理的印象不好就终止谈判。

谈判当天，总经理直接进入主题，并态度强硬地表明了自己的立场："最高6%，一边是高利润分成，一边是高额加盟费，咱们还要不要合作了？不要嫌我脾气不好，多少公司都是这样谈的。如果要继续合作，你们就拿出点诚意，要不然我们非被你们这一棍子打懵了不可。"为了加强语气，总经理甚至拍着桌子说："就是这个价格，一分钱都不能让了！"

对方负责人听完后脸色发青，十分尴尬。这时，总经理站起来说："我实在是不想和你们再谈了！"说完，转身拉开门就出去了。

接下来，会议室鸦雀无声，场面十分尴尬，会议也不了了之。

当天晚上，伍斌给对方负责人打了个电话，说道："你们先消消气，我们总经理性子是急了点，不过他也是对事不对人。咱们是做生意的，又不是斗气的，你看这样行吧，咱们明天再谈，这次我来和你们谈，怎么样？"

对方感觉伍斌态度谦和，说话也让人感觉舒服，就同意了。

第二天，伍斌准时到达会议室，而且为了强化他们对总经理的坏印象，还特意穿了一件和总经理款式一样的西服，唯一的区别就是颜色不同。

对方负责人先发话："昨天你们总经理提出的6%我们无法接受，我们只能让到10%。"

伍斌面露难色地说："你们说的10%也超出了我的权限，如果非要这样，那就不得不请出我们总经理了。"

一听还要请总经理，对方脸色顿时就变了，说道："要不这样吧，还是和你谈，价格咱们再商量一下。"接下来，双方谈判时，伍斌始终保持微笑，语气也彬彬有礼，双方的谈判也十分愉快，最后价格定在7%，比总经理预想的8%还好一点。

显然，把伍斌和总经理的面孔分开来看，并没有什么奇异之处，合在一起则产生了神奇的效果，这就是双簧的奥秘。采取这种策略的时候，双方一定要配合默契，在重大问题上要事先约定达成共识。什么时候应当强硬，什么时候应该妥协；什么条件是已方必须要遵守的，什么条件是可以为了对方做出让步的。当时机成熟，火候到了，就要果断出击。

商业谈判中，还可以把双簧倒过来演，比如，你先在不太重要的问题上让步，然后在关系重大的问题上由你的同伴出面。此时，你的同伴会对你说："刚才你已经很慷慨了，但在这一点上，你不能再让步了，因为我们已经让得够多了。"此时，你看着谈判对手为难地说："你也看到了，我已经尽力了，接下来就由你们决定吧。"这种把戏或许会被经验丰富的谈判者一眼识破，但在长时间紧张谈判的压力下，往往也能奏效。

谁的耐心更强，
谁成为最后赢家的可能性就越大

柏拉图曾经有句名言："耐心是一切聪明才智的基础。"事实上，这样的聪明才智如果发挥得当，在谈判桌上会爆发出更大的能量。人们一般把谈判结束的时间称为"死线"，各方的底线让步往往也都会在这个时候体现，所以这条死线对谈判的意义重大。这个时候，人多数谈判者都希望通过软磨硬泡让对手屈服，这就需要极强的耐心。最后一刻，谁的耐心更强，谁成为最后赢家的可能性就越大。

美国曾就撤军问题和一个小国进行谈判。当时美国正处在总统竞选的关键时刻，小国不愿意把战争无限拖延，在谈判桌上，尽管内心焦急，依然耐心等待，用软话稳住美方代表，还故意装出一副很随意的姿态用一些不痛不痒的闲话消磨时间。迫于国内外形势，美方最后实在是不想再在这件事上耗费精力了，最后被迫妥协，而小国也抓住这一机会，狠狠要价，并达成了最终的协议。

不得不说，正是因为耐心的缺失，让美方在谈判桌上陷入被动。经历过持久谈判的人都应该知道，谈判是对脑力和体力的双重考验，如果脑力相当，那么谁先丢失耐心，谁就率先出局。

有位议员在一次会议中投了对一项决议的赞成票，而这项决议本身对自己政党不利。第二天，这位政党领袖就气冲冲地来到这位议员的办公室，大骂对方是叛徒。

议员当时正在低头写一封信，见这位政党领袖进来对其怒骂也没抬头，好像对方根本不存在。看议员如此无礼，这位政党领袖更是生气，不顾办公室其他职员的反应，故意提高嗓门，说出更加难听的话对议员进行辱骂。其他职员见此情景，心想这位议员一定恨不得拿起旁边的墨水瓶朝这位骂人的政党领袖砸过去，不过，依然是什么都没发生，议员依旧在埋头写东西。

政党领袖有些纳闷，就绕着这位议员的座位走了一圈，回到原位后又将其痛骂一番。虽然政党领袖不断重复着那套盛气凌人的指责，但议员就是不抬头看他一眼。当政党领袖骂累了，感觉没意思打算离开的时候，议员才停下手中的笔，抬头冲着对方笑了一笑，说道："干吗急着走啊，你的愤怒都发泄完了吗？"

政党领袖看着对方，竟然一时语塞，不知道该说什么好。

必须承认，这位议员很聪明，而这或许也是他耐心的源泉。他深知一个盛怒之人，如果没有遭到反击，肯定持续不久。那位政党领袖怒气冲冲地来找议员，根本没有理性可言，如果硬是和对方讲道理，只会让矛盾更加激化。所以不言不语就是和对方最高明的较量。

谈判桌上，不妨多采用议员的方法，面对他人的无礼攻击，要耐住性子，不理不睬，到最后对方只会自讨没趣。有些经验丰富的谈判专家，越是在对手急不可耐的时候，越能让自己变得冷静，因为他们知道这个时候很关键。对方的急如果起不到效果，势必返回去伤到自己，而你的冷静就是对手最不愿看到的。做到这点，基本不用再做其他动作，就可以让对手方寸大乱。

谈判时，首先要划分阶段，其次要有重点、有详略、有先后。即便开始时的阻力较大，也要将争议最大的部分放在最初的阶段去解决。只要有足够的耐心坚持下去，谈判就会势如破竹，从而得到自己想要的结果。

"欲擒故纵"谈判术的运用技巧

谈判时即便自己在各方面的立场都占优势，也不要一下子把对方的路堵死，留一条退路给对方也是非常重要的。这样做，可以作为让对方退出谈判的借口，也算是给对方留了面子，毕竟谈判终结不意味着关系的终结。这种被称作"欲擒故纵"的谈判术，具体做法就是：心里想要，脸上故作轻松，一副满不在乎的样子；或故意说反话，让对方在没有任何压力的情况下，快速跟你达成你想要的协议。

明朝有个状元叫杨开庵，是四川人，因为讽刺过皇上，便被皇上降旨发配到很远的地方充军。杨开庵想，如果充军不可避免的话，那还是离家乡近一点好，于是去求见皇帝。

杨开庵说："皇上发配我充军，我也没啥说的，反正在哪里都是为皇上效劳。不过我有一个小小的要求。"

皇帝问："什么要求？"

杨开庵说："随便您把我发配到哪里都行，只要不去云南碧鸡关（今昆明）。"

皇帝问："为什么？"

杨开庵说："皇上有所不知，那个地方的蚊子有四两，跳蚤有半斤！这些都是我平生最讨厌的，所以切莫让我到那里充军呀！"

皇帝心想：哼，你怕到碧鸡关，那我就偏叫你去。于是皇帝就下旨把杨开庵发配到碧鸡关充军了。

杨开庵很懂得皇上的心思，他知道如果自己直接说要去云南碧鸡关，皇帝肯定不会同意，便故意说自己不想去那里。这样，杨开庵利用皇帝的逆反心理，轻而易举地达到了自己的目的。

1925年，某官员在湖南澧州任镇守使，没收了一批英国商人偷运的军火和鸦片。为此英国驻华大使馆的官员由省政府官员陪同，找他交涉。只见那位英国官员异常傲慢地说："我们国家的商人在你们的土地上守法经营，现在财物被你们抢劫一空，希望你能给出一个公平合理的处置。"

该官员也不甘示弱，有条不紊地说："那就劳烦阁下写一张丢失货物的清单吧。"英国官员以为他真要追还被没收的走私商品，就一件件写了起来。这时，走过来一个军官向他报告说英国人的货里有不少弹药和鸦片。他一听，就对英国官员说："请你把弹药和鸦片也写上去吧！"英国官员照办后并签了名。官员接过清单，脸一沉，说道："我正在追查私运这批军火、倒卖毒品的罪犯，没想到你们自己竟然找上门来了！我现在正式宣布，你们违反了中国的法令，现在要向国际法庭控告你们！"英国官员一听张口结舌，狼狈不堪。

从以上两个案例中我们不难看出，谈判者要善于布置陷阱，并给对手某些虚假的暗示，让它具有一定的诱惑力，目的就在于收集对方更多的信息，从而掌握谈判的主动权，这就是欲擒故纵的应用。

在应用欲擒故纵的策略时，务必要保持半冷半热、不紧不慢的状态。比如日程安排上不显急切；当对方态度强硬、表现嚣张时，采取"不怕后果"的轻蔑态度等。采用欲擒故纵的策略时，如有运用到假象，就务必在上面多下些功夫，让它看起来跟真的一模一样，不要因为过于粗糙而引起对方的怀疑。这其实也借助了人们惯有的一种心理：信息的来路越是曲折，或者说手段越是不是当，其真实性也就越大。所以，最好通过非正式渠道传播，经第三方之口发布，这样对方反而更加容易相信。

第七章

话是软实力，说靠硬功夫

说话如有神助，把话说到点子上才是真功夫

王阳明在阐述知行关系时有过一段精彩的描述："知是行之始，行是知之成。"套用说话也有同样的妙处：话是说之始，说是话之成。话在说之前已经在脑中酝酿，在心中盘算，说只是将话进行实践的过程。说什么话从本质上体现了一个人内在的涵养，亦是其实力的体现；话怎么说从本质上讲也体现了一个人外在的修养，亦是其功夫的体现。软实力要在平时多学，硬功夫要在日常多练，唯有如此，才会明白话的点子是什么，以及如何把话说到点子上。

曾在美国哈佛大学担任校长一职长达 30 年之久的叶落特博士曾经说过这样一句名言："我只承认一件事情，即凡受过教育的人在知识上所应得的财富就是能够正确、优雅地运用本民族的语言。"如果杜甫泉下有知，他应该感到欣慰，因为这句话弥补了他在《奉赠韦左丞丈二十二韵》中所写"读书破万卷，下笔如有神"的短板。现在看来，靠读书增长知识比较明显的两大好处就是在谈吐和下笔方面有着超出常人的水平。

"头悬梁，锥刺股"的故事在中国可谓家喻户晓，但所指何人想必很多人都不太清楚。其实，用这里面的故事阐述读书与说话技巧方面的关系再合适不过。

战国著名政治家苏秦在年少时，读书不精，学问不深，但心高气盛，为求得一官半职，不惜变卖家财，结果四处碰壁，最后钱财消耗殆尽，不得不回到家乡。家里人看到他衣衫褴褛，狼狈不堪，都不愿意搭理他。苏秦父母痛骂他；妻子坐在织机上织帛，不愿看他；嫂子给他做饭，但不搭理他。苏秦深受刺激，决定发愤读书，将来有一天可以出人头地。有时候他读书读到半夜，又累又困，为防止瞌睡，就用锥子扎自己的大腿，或者把头发用带子系起来拴到房梁上。学成后，

他到六国游说，宣传"合纵"的主张，并促使六国诸侯订立了合纵的联盟。而苏秦也身挂六国相印，成为显赫一时的人物。

如果不是苏秦在家"头悬梁，锥刺股"地努力，肯定不会有后来的成就，而读书赋予他的能力，也是魅力。

英国的约翰·伯莱特15岁时被迫辍学，之后再没有重返课堂接受正规的教育。不过，他不仅可以把英语讲得炉火纯青，也能够把莎士比亚的名剧倒背如流，还可以对拜伦、雪莱的长诗进行深度思考。原来，他只要一有空就去图书馆，而且每天都温习一遍《失乐园》，以此扩充词汇量，提升语言的表达能力。后来，当他成为19世纪英国最伟大的演说家时，这样回忆道："每逢走进图书馆，都感觉人生短暂，恨不得把所有喜爱且珍贵的书都读一遍。"

一个胸无点墨的人，在表达方式、说话技巧方面肯定会有不足，除了自己无法说出精彩的观点外，也很难对他人的问题做出从容的应对。我们不可能为了把话说到点上，对所有关于说话技巧方面的书籍都了然于胸，也不可能把所有的学问都研究得异常精湛，但可以采用"泛读"的方法来扩大自己的知识面，等到需要的时候，随便从中选择一个点，有可能也是灵感的来源。

李泌是唐朝中期的神童，也是员半千的小舅子，从小就深得长辈们的厚望。他天赋极高，学什么都快，而且博览群书，7岁时就能写文章。

唐朝对佛教的态度很开放，而且大部分皇帝都很喜欢探讨这方面的学问。有一次，唐玄宗召集佛、儒、道三家学识渊博之人到皇宫内就某一问题进行辩论。其间，一个9岁的小孩在讲坛上语出惊人，令人赞叹不已。唐玄宗知道小孩是员半千的孙子，就不觉为奇。

他问员半千："你的孙子如此聪慧，不知这世上还有像他这般的孩子吗？"

员半千随口说出了他的小舅子李泌。唐玄宗便下令召其入宫。

李泌入宫时，唐玄宗正在和燕国公张说下围棋。这时，唐玄宗朝张说使了个眼色，张说便问李泌："你能用'方、圆、动、静'这四个字来说一下围棋的道理吗？"

李泌拱手问道："大人，能否说得再具体一些？"

张说道："你看，这个棋盘是方的，棋子是圆的，棋活为动，棋死为静。"

李泌想了一下说道："行仁义依规则是为方，用才智当圆滑是为圆，展才能要灵活是为动，得逞后要冷静是为静。"

听李泌说完，众人脸上都露出惊叹之情。

如果没有点真才实学，李泌不可能把话说得如此深刻；如果没有博览群书，他也不会把比喻、对比用得如此恰当。当然，台上三分钟，台下十年功，李泌虽然年纪不大，但也是日积月累才会有这样的功底。

现在，随着科技的发展，人们获取图书的渠道也越来越多元化。但不管是到图书馆借书，还是在手机上看电子书，只要养成随手标记、定期汇总的习惯，时间久了，这些东西就会成为你谈资方面的无形资产。

俗语在谈话中更容易获得对手的认可

俗语就是由群众创造，并在群众中流传，具有口语性和通俗性的语言单位，是通俗并广泛流行的定型语句，简练而形象。之所以叫他们俗语，是因为这些话在日常说话中很常见，但这并不意味着它们低俗。相反，有时候，当我们无法恰如其分地把自己想表达的意思讲清楚时，可以借助一个大家都知道的俗语来解释，或许会有"柳暗花明又一村"之感。

俗语语言风格生动活泼，细究又会发现其富含哲理，不管是用于阐述，还是解释，都会简单明了，还会给人留下深刻而良好的印象。

为了能够把话说到点子上，巧用俗语固然不错，但是也不能乱用，否则会造成尴尬。下面是在应用俗语方面的一些经验之谈。

1. 使用俗语前需弄清其含义

有些俗语的出处比较久远，其实际意思可能和人们理解中的表面意思相差甚远，所以应用的时候一定要分清语境、场合。比如，"吃不了兜着走"原是出了问题要承担一切后果的意思，不能只根据其字面意思来理解。不过，有时候在一些比较自由的场合，和朋友吃饭，开个玩笑，用这一俗语，虽然在语义上不妥，但幽默效果却很好。

十多年前，中央电视台播放了一则号召大家在餐馆吃饭不要浪费粮食的公益广告，当时央视有名的给唐老鸭配音的李洋就说了句："吃不了，您兜着走啊。"此语一出，立刻让人们感觉很有创意。

2. 运用俗语切忌感情不当

俗语本来是为了增强语言的表达效果，但用的时候需要综合考虑整个句子的语境，特别是要明确句子的感情色彩，不能望文生义，否则会弄巧成拙。

比如，"老张是咱们厂工作最卖力的，做起事来就像是老牛在拉破车，很让人敬佩。"

本来是为了赞美老张的工作作风，结果用了一个贬义色彩浓厚的俗语，反而显得说话的人俗不可耐。

3. 运用俗语要分清时机、场合

俗语是民间相传的语句，口语化色彩十分浓厚，因此在做报告、演讲等比较严肃的场合，除非有调节气氛的必要，否则就应慎用。

俗语是我们文化的一部分，其丰富的内涵、多样的形式都是我们说话取之不尽、用之不竭的资源，不过用时须巧妙，它才能真的"不俗"。

下面就列举一些常用俗语及其释义：

吃不了兜着走：比喻惹出了事或造成了不良后果必须自己承受。

百闻不如一见：指听别人说多少遍，也不如自己亲自看一下。表示听得再多也不如亲眼所见可靠。兵来将挡，水来土掩：指根据具体情况，采取灵活的对应办法。

打开天窗说亮话：比喻无须回避，公开说明。

聪明一世，糊涂一时：指一向聪明的人，偶尔在某件事上犯糊涂。常用来责怪别人办了不该办的事。

此一时，彼一时：那时是一个时候，现在又是一个时候。表示时间不同，情况有了变化。

吃枪药：形容说话态度不好，火气大，带有火药味儿。

拉大旗，作虎皮：比喻打着革命的旗号来吓唬人、蒙骗人。

高不成，低不就：高者无力得到，低者又不屑迁就。形容求职或婚姻上的两难处境。

眉毛胡子一把抓：比喻做事不分轻重缓急。

识时务者为俊杰：意思是能认清时代潮流的人，方可成为出色的人物。

名不正，言不顺：原指在名分上用词不当，言语就不能顺理成章。后多指说话要与自己的地位相称，否则道理上就讲不通。

尺有所短，寸有所长：比喻人都各有长处，也各有短处，彼此都有可取之处。

秤砣虽小压千斤：比喻外表虽不引人注目，但实际上很起作用。

实话虚说在谈话中能收到好效果

实话实说固然没错，但有时候，实话虚说反而能收到更好的效果。正如台湾作家刘墉所言："虚说的话基本上还是实话，只是说的不够精确。很多人采用这种方法，既没撒谎，又避免了尴尬。"

宋海和刘芳正在谈恋爱，刘芳知道宋海以前谈过恋爱，就问他："我是你第几个女朋友？"宋海看着刘芳的眼睛，柔情地说："你是我的最后一个女朋友！"一句话，说的刘芳心里美滋滋的。

对于刘芳的问题，宋海如果回答具体的数字，难免会让自己陷入尴尬的境地。所以他用"最后一个"来应对，既回答了问题，又取悦了对方。对自己的恋人说她是自己最后一个女朋友肯定是实话，但用来回答"有几个女朋友"这样的问题显然很虚，但也不得不承认，这种"虚"也是女朋友希望听到的。

有个著名的节目主持人在生活中很低调，还经常坐地铁上下班。因为经常在电视上主持节目，坐地铁的时候难免会被人追问："你是电视台的那个主持人吗？"刚开始，主持人很礼貌地回答："是！"结果，每次回答完，都会有很多同车厢的人上来索要签名，时间久了，他感觉吃不消了。后来，他想出了一个好办法。这一次，又有人上来问他："你是电视台的主持人吧？"他笑着说："呵呵，大家都这么说。"乘客听完，误以为对方只是和那个主持人长得很像，也就没再纠缠，自动离开了。

面对热情的乘客，主持人因为实话实说，结果给自己带来了不小的麻烦。可身为公众人物，也不能当着大家的面说假话，索性就用一句半真半假的"虚话"来应对。不得不承认这位主持人很聪明，他巧妙利用了"大家都这么说"这句话的歧义，误导了大家的思维。这样一来，他既没有撒谎，也避免了不必要的麻烦。

有位美国学者来北京访问，分别参观了北京大学和清华大学。访问结束后，他在一家酒店接受中外媒体的采访，其间有位中国记者问道："教授，请问在你眼里，北京大学和清华大学哪个更强一些？"

这位学者略加思索，微笑着说道："北京大学的人文学科很棒，出过许多著名的文学家、外交官，他们的学术传统严谨，学术氛围也很自由；清华大学的理工科很棒，把理工科的任何一位教授放到其他一流大学，照样都是顶尖级的。这两所大学都有很多值得我们学习的地方。"

很显然，对于记者这样的问题，肯定不能生硬地直接回答。因为不管说谁好，都会遭受来自另一方的质疑，而不回答又显得不礼貌。这位学者表面上对记者的提问做了回答，但其实只是说了大家都知道的"虚话"，没有对两所学校的综合实力进行评比，而是针对它们各自的优点进行了赞美。问的人处心积虑，说的人避重就轻，听的人也无从挑剔。

2014年的黄磊可谓意气风发，先是他主演的电视剧《我爱男闺蜜》在国内热播，广受好评，紧接着他和女儿参加的《爸爸去哪儿2》更是让他赢得了"黄小厨"的称号。有记者就问他，在现实生活中，他是不是也是"男闺蜜"的形象，黄磊笑着说："最近几年，'女汉子''男闺蜜'盛行，在我看来，这就是一个包装，柔弱才逞强，自信才示弱。"一句话，赢得了记者们的热烈欢呼和阵阵掌声。

记者问这样的问题自然是想从黄磊嘴里知道究竟"是"还是"不是"，但黄磊没有直接回答，而是巧妙地把大家的注意力转移到社会的普遍现象上。这样一来，具体问题就变为"虚化"的普遍性问题。紧接着，黄磊用一句颇有哲理性的话"柔弱才逞强，自信才示弱"引人深思。这样，他既表明了自己的态度，也塑造了自己自信、有担当的正面形象。

不管我们再怎么强调实话实说的重要性，都改变不了"说者无心，听者有意"的现实，所以，为了不给自己招惹麻烦，最好还是实话虚说，即把具体问题笼统化，从而让对方无法从你的话里找茬。既然是虚话，就很容易变得啰唆，进而给人一种不真诚的感觉，所以用的时候，还需注意场合、分寸。

说好"废话"，轻松增进双方感情

要想把话说到点子上，有一个基本的准则是简单明了，而且我们前文也提到了废话的危害，那么此处再讲废话不废是不是自相矛盾呢？事实上，非但不矛盾，而且在某些特殊的情况下，想要把话说到点子上，就必须讲一些废话，比如夫妻、情侣之间。

两个相爱的人天天厮守在一起，时间久了，互相之间的话题自然会减少，这是一种很正常的现象。问题的关键在于，话少了之后怎么办？事实上，这也是情侣之间经常会就一些很琐碎的事情"啰唆"的原因。在外人看来，他们的对话可能很幼稚，但这正是他们维系感情、加固关系的基础。

在一列由北京开往广州的火车上，一对在卧铺车厢的情侣正在窃窃私语。

女："天气真热。"

男："可不是嘛，现在是 7 月份，一年中最热的时候了。"

女："我困了，可以睡一会儿吗？"

男："当然了，要是困了就睡会儿吧！"

女："那我是不是要把鞋脱了爬到上面去呢？"

男："那当然了，谁会穿着鞋子睡觉呢？"

女："那你可要帮我把鞋子看好哦，可别让小偷给偷走了。"

男："你放心，鞋子现在在什么地方，你起来的时候我保证还在那个地方。"

女："那我睡觉了。"

男："闭上眼睛，做个好梦。"

客观来讲，这对情侣讲的差不多都是废话，因为两句话就可以解决的问题被拓展得像是一场辩论。不过，这是外人的感觉，而对他们来说，男生觉得有味，女生也会觉得有趣，所以这些废话就是他们的"宝贝"。试想一下，如果男生对女生的话很敷衍，对方会做出怎样的反应；如果女生什么也不说直接倒头就睡，男生会不会在那里多想。另外，即便是那些认为这些是废话的旁观者，真的有一天遇到了自己真心喜欢的人，处在相同的场景，肯定也会说些类似的废话。当然，与这对情侣一样，他们肯定也不会觉得这些是废话。

现代人们的生活工作节奏快，紧张感也与日俱增，回到家里如果不通过一些所谓的废话释放一下，时间久了，人肯定会生病。从这个角度来讲，夫妻、情侣之间的一些废话反而会起到消除疲劳、舒缓心情的作用。所以现在一些婚姻专家也提倡夫妻间平时说些废话，并把它们当作夫妻感情的调料。下班后或者平时节假日时，夫妻在一起可以对一些影视明星八卦一下，或者把自己身边发生的有关同事的趣闻之类的讲给对方听听。这些废话能让双方愉快地度过一个晚上或者哪怕一个小时、几分钟，都是莫大的收获。

说到这里人们也应该对废话有一个重新的认识，并为废话正名。不能信口开河地向他人说废话多么无用，其作为一种增进双方感情的媒介而言，它确实不"废"。夫妻维系感情的载体很多，比如一个眼神、一个微笑、一举手、一投足。就像机器运转会因为某个载体失灵而停止运作，夫妻感情也会因为一方某个细微的地方没做到位而出现裂痕，此时废话就像是一剂灵丹妙药，能化腐朽为神奇，补裂痕于无形。

总之，在日常生活中，废话可以作为加深感情的催化剂，维持关系的润滑剂，活跃气氛的调味剂，有了这些，感情生活何愁不悦？

以情动人，言之有物的话才显真诚

想象这样一个场景，你走在街上偶遇一个许久未见的朋友，为客套起见，你跟对方说："有空了一起吃个饭。"你觉得朋友会当真吗？八成不会，因为朋友也知道你说的是句客套话。如果你说："这个周六晚上一起去西单刚开的一家火锅店吃顿饭吧？"这样朋友八成会当真，因为你说的话里有时间、地点、人物，所以你的邀请很真诚，这就是言之有物。

言之有物的话才显真诚，也会让人觉得你实在。以道歉为例，你说一百句"对不起"可能也不如用十句话把错的原因、如何弥补做一个简单陈述。当然，你说得越具体，也就显得越有诚意，获得谅解的可能性也就越大。

香港著名电影出品人和制片人向华强的夫人陈岚女士曾经请李连杰拍戏，谁知道开拍没多久就遭遇资金问题，不得不降低演员的片酬。陈岚随后向李连杰道歉说："公司出现资金问题是始料未及的，所以我也非常抱歉。你是我请来拍戏的，如果心里有什么不舒服的我也可以理解。你现在可以不拍，但之前答应给你的片酬永乐出。当然，你也可以选择继续拍，降低片酬后和你之前应得的差异我来补。"陈岚的歉意有安慰和理解，也有弥补的决心，算得上言之有物。李连杰听后当即决定继续拍戏，而且不要陈岚拿自己的钱补。

言之有物，话少不妨碍悦耳；言之无物，话多也不能动听，哪怕你真的是为别人好。有时候即便你说了为对方好，但如果不做具体说明，别人也还是无法理解。

当年，有家出版社找到台湾知名画家、诗人与作家蒋勋，想为他出书。然而蒋勋的老师却不赞同这种名利双收的事情。蒋勋不理解，就问其原因，老师解释说："当然，出不出书是你的自由，不过以你现在的能力、水平很难提出独特的观点，所以你的书即便出来了，也和书架上的其他书没有什么两样。相反，如果你抓住现在的时间，全身心地投入到钻研中去，到时候不管你是否出书，都可以在美学领域占有一席之地。"

听完老师的教导，蒋勋顿时明白了老师的良苦用心。

有时候，别人向你请教一个问题，不管问题大小，你都要言之有物，这其实也是对他人的一种尊重。如果可以的话，要告诉别人是什么、为什么以及如何去做等。把事情讲清楚了，别人自然会感受到你的真心。

杨元庆刚接手联想时，曾经向柳传志咨询管理员工的办法。柳传志对他说："你现在还很年轻，资历浅，很多老员工肯定不服你。但是联想能有今天，这些老员工是出了很大力的，而且联想日后的发展也离不开他们。我知道你性子急，如果和他们有意见上的分歧，不要针锋相对，上纲上线，而是心平气和地坐下来好好说话。对待老员工就像对待自己的父母一样，最终决策权在你手里，但你要尊重他们的建议和意见。如果有些问题实在想不明白或者不知该如何处理，记住一条，他们和你一样都是爱着联想的。所以，多从这个角度考虑或许会有意想不到的解决办法。"

柳传志的一番话让杨元庆获益匪浅，因为他讲得很深刻，也很详细。联想之所以能取得今天这样的辉煌，或许和柳传志这种言之有物的说话风格有很大关系。

总之，言之有物的话才是真话、实话、说到点子上的话。所以，言之有物才是真正会说话的体现。

勤学苦练是获得好口才的必经之道

这个世界上确实有很多天才，但没有谁天生就能把话说到点子上。想要在说话方面有所突破，对任何人而言，勤学苦练都是必经之道。

学习的对象和途径有很多，比如看书，在网络上搜索说话的艺术，在家里听父母怎么说，在学校听老师怎么说，走在大街上或站在地铁里，也不妨听听陌生人怎么说。只要有心，哪里都是学习说话技巧的课堂。那么，通过什么样的方法练习才能有效提高自己的说话技巧呢？下面就是几种简单、易行的方法，可供大家参考。

1. 不放过每一个练习机会

在这个世界上，唯一可以不劳而获的就是懦弱和贫穷。任何人要想在某个领域取得一定的成就，都必须勤于学习，甘于苦练，包括如何说话。说话的机会固然很多，但是真正有助于提升自己说话水平的机会有限，所以应该抓住生命中每一个机会，有了这种精神，说话水平的提高只是时间的问题。

美国前总统林肯年轻的时候，为了练习口才，不惜徒步30英里，到当地的一个法庭去听辩论。他一边倾听，一边模仿。有时候，他也会参加福音传教士的布道，看他们如何挥舞手臂、声震长空。没人说话的时候，他就对着树桩、地里的玉米进行练习。人们总是习惯于谈论林肯的幽默口才，却不知这都是他当年刻苦训练的结果。

2. 从背诵开始练习

这里所说的背诵包括两层意思，分别是"背"和"诵"。训练目的也有两个：

增加知识储备以及练习表达能力。只有在大脑中储存了丰富的知识，说话时才能信手拈来。另外，背得越多，记忆力就越强，这对以后其他能力的培养也至关重要。"诵"作为一种表达能力的训练，要求在准确把握文章内容的基础上，声情并茂地说出来。

选择背诵内容的时候，一定要选择自己感兴趣的，并有一定深度可以促使自己思考的内容。这样，当你在对文章进行艺术处理时，才能声情并茂，和所背的文章融为一体。

3. 学会模仿

其实，小孩之所以很快就能掌握一门语言，很重要的一点就是他们的模仿能力极强。作为训练口才的模仿，可以向专人模仿，也可以任意选择自己觉得好的语速、语气、表情、动作等。在模仿中各取所长，再融入自己的一些特点、创意，就能达到青出于蓝而胜于蓝之效。

模仿是一种容易学、见效快的方法，适合各个年龄段的人去学习。不过，模仿的时候不要把它当作一种任务，而是一种乐趣，这样才会收到更好的效果。

4. 看图说话练口才

看图说话，即将所看到的图景借助想象力串成一个生动的故事。虽然看的只是眼前的图，但在描述的时候还要穿插一些生活中其他方面的图景，这样会更生动。

描述的主要目的就是练习语言的组织能力和语言的条理性。所以，在描述的时候，一定要抓住图景的特点，最好简洁、生动，能赋予其一定的文采。千万不要像流水账一样，毫无生气地讲解。

5. 讲故事练口才

俗话说："看花容易，绣花难。"听别人讲故事绘声绘色感觉很吸引人，但是自己去重复别人讲过的故事时却是结结巴巴，没有一点吸引力。通过讲故事提升口才有诸多好处，因为讲故事对口才的要求是多方面的。故事里既有独白，也有人物对话，还有描述性的语言和叙述性的语言，所以讲故事可以训练多种口语能力。

在英国电视台的一次"英国史上谈吐最机智最幽默之人"的评选中，19世纪的英国作家王尔德被冠以"妙语之王"的称号。很多人以为王尔德的口才从小就很好，事实上这是一种误解。其实，出身名门的王尔德小时候性格内向、沉默寡言。后来，当他意识到"爱说话才会赢得伙伴，讲故事和交朋友是一件有趣的事情"时，他便开始精心收集奇闻逸事以及各种欢乐和忧伤的故事，并利用业余时间讲给同伴听。在讲述的过程中，他还不时地将自己瞬间迸发的奇思妙想融入其中，增强了故事的趣味性。即便像他那个年龄段很少涉及的领域，他也会大胆尝试，加以评说。正所谓量变产生质变，时间久了，王尔德就像换了一个人一样，变成了深受欢迎的能言善辩的大家。

训练口才没有最佳的方案，也没有一成不变的方法，在训练的时候也要根据个人情况的不同，选择最有利于自己的方法。有了方法，再加上刻苦训练，就会拥有好口才，从而在社交领域创出一片自己的天地。

第八章

准确把握成功谈判的四个阶段的应对技巧

导入阶段：营造良好气氛塑造谈判好开端

谈判具有一定的阶段性。谈判人员要想把握住整个谈判，就必须了解谈判的各个阶段，以便能各有重点，充分把握各种时机，高效率地进行谈判。

谈判开始，每个谈判者进入自己的角色，就步入谈判的第一阶段——导入阶段，即谈判双方进入具体交易内容讨论之前，见面、介绍、寒暄以及就谈判内容以外的话题进行交谈的那段时间。

导入阶段虽然只占整个谈判过程的一个很小的部分，而且似乎与整个谈判的主题无关或关系不大，但事实上它却非常重要，一个真正的谈判高手能在这段短短的时间里为整个谈判奠定良好的基础。

由于谈判即将进行，双方都会感到有点紧张，因而，需要一段时间来调整与对方的关系。这段时间要持续多久呢？专家建议，应占整个谈判时间的5%。也就是说，如果洽谈准备1个小时，导入时间为3分钟；如果谈判准备持续几天，最好在开始谈生意前的某个晚上，一起吃一顿饭。

如果是以小组而不是个人为单位进行洽谈，那么，掌握好建立谈判气氛的时间，其意义更为重大。一般而言，在人数较少的时候，才能建立起较为积极的气氛。例如分别由四个成员组成的两个小组，第一次会面时，大家首先忙于互作介绍和握手，此时可能显得十分混乱，不会有什么真正的言谈交流。几秒钟之后，由于相互之间不熟悉，除了双方主谈者偶尔发出的声音以外，其他人一般都会选择沉默，结果是大家十分尴尬地站在那里无所事事。

在这种情况下，最好把八个人分为二到三个小组，每个小组都有双方的人。在比较小的范围内，人们可能也的确可能立刻开始小声交谈。这种友好的交谈声是这八个人共同发出的，因而会立即使人感觉到热烈的气氛。

建立一个良好的谈判气氛是导入阶段的根本目的。当然，谈判的气氛不仅受最初几秒钟内发生的事情所影响，而且还受到双方见面之前的交往情形，以及洽谈中彼此接触情绪的影响。但是，开始见面形成的印象，比相见前形成的印象强烈得多，甚至会很快地取代以前的印象。

在研究影响谈判气氛的方法之前，必须先确定到底需要建立怎样的一种谈判气氛。心理学告诉我们，气氛能够影响人的情绪，而情绪具有两极性，其中一种表现是激动或平静。当我们与人交流思想的时候，必须把上述问题作为一个前提来考虑。在对方愤怒、反感、焦虑、狂热的时候，首要的任务是让他安静下来，即从激怒状态回复到安静的情绪状态中，那才可以使对方的理智能够持续地活动。所以，如果碰到对方心境不好时，决不能与他谈实质性的话题，而要改换一些能使对方心境恢复平静的话题。在此情形下，佯装不知对方心境，拉拉家常，说些赞美话，就是非常明智的策略了。

20世纪30年代，美国费城电气公司的威伯为到一个州的乡村去推销用电，他到了一所富有的农家，开门的是个老夫人，一见是电气公司的代表，就猛得把门关上。威伯再次叫门，门勉强开了一条缝。威伯说："很抱歉打扰了您，我也知道你们对用电不感兴趣。但我这次并不是来推销电，而是来买几个鸡蛋。"

老夫人消除了一些戒意，把门开大了一点，怀疑的探出头来望着威伯。威伯继续说："我看见你喂的道明尼克鸡种很漂亮，想买一打新鲜的鸡蛋回城。"听到他这样说，老夫人把门开得更大一些，并问道："你为什么不用城里卖的鸡蛋？""因为"，威伯充满诚意地说，"城里卖的蛋是白色的，做起蛋糕不好看，我的太太希望我能买些棕色的蛋。"

老夫人走了门口，态度温和了许多，并和威伯聊起鸡蛋来。威伯指着农场里的牛栏说："夫人，我敢打赌，你丈夫养牛赚的钱一定比不上你养鸡赚钱多。"老夫人被说得心花怒放，她告诉威伯，长期以来，她丈夫总不承认这个事实。她立即把威伯视为知己，并带他到鸡舍参观。威伯边参观，边向老夫人请教养鸡的经验，然后不经意地说道，如果能用电灯照射，鸡产的蛋会更多。老夫人似乎不那么反感了，反而问威伯，用电是否合算。当然，她得到了完满的解答。两个星期后，威伯收到了这位老夫人交来的用电申请书。

良好的导入、融洽的气氛是谈判顺利进行的基础。谈判气氛往往在双方开始会谈的一瞬间就形成了。形成谈判气氛的关键时间是短促的，甚至是极为短暂的，可能只有几秒钟，最多也不超过几分钟。实际上，当双方准备一起洽谈时，气氛就已经形成了，而且将会延续下去，以后便很难改变。因为此时，热烈或冷漠、合作或猜疑、友好或防范等情绪已经出现了，所表现的行动不是轻松便是拘谨；谈判的形式也已经确定：谁发言、说多少，双方的策略已经明晰，甚至已逐渐达到知己知彼的程度。

有时，在谈判过程中，气氛会转换发展。但是，洽谈之初建立的气氛是最关键的，因为这种气氛奠定了谈判的基础，其后虽然会有变化，但不会明显地朝着积极的方向发展（当然这也是有可能的，不过你最好不要对此抱有太大希望）。

开始时建立起来的良好谈判气氛可能在谈判过程中逐渐恶化，谈判者必须在整个洽谈过程中采取积极的措施，防止这种情况的发生。但是，建立良好的谈判气氛，关键还是在开始阶段。因此，谈判者要着重认真研究谈判开始阶段所发生的事情，研究应该采取怎样的行动，以建立一个良好的谈判气氛。

一般而言，大多的谈判，都希望能"达成和谐共识"。取得相互合作的洽谈气氛，需要有一定的时间。因此，不能在谈判开始不久就进入实质性谈判。首先要花足够的时间，使双方协调一致，即协调敌我的思想和行动。

见面伊始，双方握手致意。握手应由主人、年长者、身份高者、妇女先伸手。握手时应双目注视对方，微笑致意，不要眼睛看着别的地方。

见面后，双方应互作介绍。介绍可由第三者介绍，也可自我介绍。介绍时，做法要自然，讲清姓名、身份、单位。为他人介绍时，还可说明与自己的关系，以便于对方了解。介绍的先后次序是：先把身份低、年轻的介绍给身份高、年长的，把男子介绍给妇女。介绍时，除妇女和年长者外，一般应起立；但在宴席、会谈桌上不必起立，被介绍人微笑、点头以作表示。

谈判开始时的话题最好是轻松的。比如，双方可以随便聊聊以下内容：

（1）会谈前各自的经历——曾到过的地方，接触过的人等等。比较轻松的话题还有：球赛、股市信息、高尔夫球等，甚至早上的新闻摘要（只要不给对方带来不快）。

（2）私人问题。表现出真正关心他人的情况，不带任何威胁的语调。例如：开始可以这样说"你好！"，然后谈一些仅限私人间的话题如："这个周末我钓鱼去了。我很喜欢钓鱼，你周末是怎么度过的？"

（3）对于彼此有过交往的，可以先叙谈一下以往经历和共同获得的成功。这样的开场白可以使双方找到共同的话题，为心理沟通预先做好准备。

你也可以从下面几个方面来选择开始时的话题：

（1）由对方的名片中找话题。对方名片上的头衔、职位、地址等都可引出话题。

（2）从对方的房间（接待室或会议室）、公司内部环境或公司外部环境下手，引出话题。

（3）从自己在报纸、刊物或电视、广播中听到或见到的关于对方或对方公司的有关消息展开话题。这些资料，在会客前一般是经过精心查找和准备的。

（4）以介绍人为话题。可以利用介绍人来和对方拉关系，使对方有"一见如故"的感觉。

（5）选择对方感兴趣的事或最近的新闻来加以评述，这也需要事前周密的准备。

另外，要善于互相交流。对方所说的话题，要善于承接，使其平安过渡到正题。尤其注意不要忽视对方的话题，不要自顾自地只说自己的，而不管对方如何。如果对方的话题被忽略，会令对方感到不快或不满。话题中有些禁忌不得不注意，不然会招致对方的不快、反感甚至勃然大怒，使谈判陷入僵局。

（1）不要针对某一项话题刨根问底，穷追不舍。

（2）不要追问对方的私事、家庭。

（3）各人的思想、观点不同，对政治、宗教等的看法也大相径庭。如果挑起此类话头，争执起来，难免要伤和气，还是不谈为妙。

（4）对于自己比较擅长，且引以为骄傲、时常挂在嘴边的方面，也尽量避免涉及。唯一良策是少说为佳。

导入阶段所进行的一切活动，一是为双方建立良好关系铺路，二是了解对方的特点、态度和意图。当然了，希望在导入阶段这一瞬间全面决定谈判气氛，是不符合实际情况的。谈判双方会谈前的接触以及以后会谈过程中的交流都会对谈判气氛产生直接的影响。不过在谈判开始瞬间的影响极为重要，在此之后，谈判气氛的波动便比较有限了。第一印象一经形成，就很难改变。最初印象好，以后的谈判相对来说也会较顺利；最初印象不好，在对方心理上造成的不良影响是很难扭转的。

在这个阶段，必须十分谨慎地对所获得的对方印象加以分析。不仅如此，还要立刻采取一些重大措施，用自己的方式对他们施加影响，并使这些影响贯穿于谈判的始末。谈判者最好把准备工作做得既周密又灵活。当坐下来转入正式谈判前，应该充分利用导入阶段从对方的言行中所获得的信息。

从问候、步行速度就可以看出对方所期望的谈判进度，诸如客人走进房间的速度、主人从桌前站起来或走上前的速度以及双方聊天的速度等等。要注意的是，这些动作的速度通常是难以确定和易受干扰的。比如由于谈判人员拿不准该谈些什么而出现停顿和冷场，从而减缓了随后谈判的速度；相反的，如果谈判人员讲话速度很快，滔滔不绝，慌慌张张，同样是一个不妙的开端。通常需要的是既轻松而又有效率的谈判速度。

对方的谈判作风，同样的可以在开场阶段的发言中反映出来。一位经验丰富的谈判人员，为了谋求双方的合作，总是在开始时讨论一般性的题目，另一种具有不同谈判作风的人员，虽然他的经验同样丰富，但为了对谈判产生影响，他会采取不同的措施：一进入谈判，他便极力探求双方的优势和劣势，探听哪些是自己必须坚持的原则，以及在哪些问题上可以让步，他不仅要了解"自己"的情况，甚至对每一个己方人员的背景、价值观以及每一个人有把握的和担心的事，以及是否可以加以利用等问题，都要搞得一清二楚。这些信息，对于那些玩弄花招的，以牺牲对方利益而谋取自己利益的人来说，是至关重要的。这些信息能成为他在以后的谈判中使用的武器。

在这个阶段双方的闲聊中，也同时在传递一些无声的信息，一个人的姿势可以反映出这个人是信心十足还是优柔寡断，是精力充沛还是疲惫不堪，是轻松愉快还是剑拔弩张。反映这些情绪的关键部位是头部、背部和肩膀。除了姿势以外，谈判人员的穿着仪表也会造成不同的印象：他的服装颜色是深色还是浅色，是流行的还是匠心独具的；是整洁还是不修边幅。但很快地，仪表留给人的印象会被其他印象逐渐淡化。

最强烈的印象，是双方目光的接触。而且第一次的目光接触最为重要。从目光的接触中，可以了解对方是开诚布公还是躲躲闪闪的，是以诚相待还是怀疑猜测的。

除此之外，给人留下深刻印象的因素还有手势。很多情绪可以通过手势反映出来。比如，握手可以反映出对方是强硬的、还是温和的或理智的。一个人如果在用右手与对方握手的同时，又把左手放在他的肩膀上，这就说明此人精力充沛，或者说明权力欲很强（这是一种过于激烈的举动，他想控制别人）。

在这个阶段，谈判者最容易犯的错误，是过早设定对方的意图。如果在这个阶段，对方就表现出比较强硬的态度，而你还不敢确定对方这些行动的真实含义，就应该引导对方与自己协调合作，并进一步给对方机会，使他们能够适应自己的方针，同时，自己也应该有更充裕的时间和机会，把对方的反应判断清楚。这时，谈判者的目的是努力避开锋芒，使双方走向合作。谈判者应不间断地讨论一些非业务性话题，并更加的关注对方的利益。这是这段开场对话：

"欢迎你，见到你真高兴！"

"我也十分高兴能来这里。近来生意如何？"

"这笔买卖对你我都很重要。但首先我对你的平安抵达表示祝贺。旅途愉快吗？"

"这个问题也是我们这次要讨论的，在途中饮食怎么样？来点咖啡好吗？"

这并不是一个漫无边际的闲聊扯谈，虽然表面上它与将要谈判的问题不相干。但是，如果对方在这段谈话之后，仍坚持提出他的问题，你就要做好应战的准备了。如果对方能够接受这种轻松的聊天，说明虽然并不一定能够避免直接冲突，但至少值得你去试试。无论如何，你已经掌握了一些信息，对于这些信息，你应该在接下来的过程中，做出更深入的分析。

告示阶段：充分有效交流信息进行洽谈

当谈判双方已经确定了通过协商一致而最终达成协议的方针，并且已经初步建立了诚挚、轻松的洽谈气氛，已就商谈的目标、计划、进度取得了一致意见，有了相互合作的趋势，双方洽谈人员对各自的情况已有了一定的了解，并在开始洽谈的几分钟内建立了一个合作、协调、愉快和认真的工作气氛，这时，谈判应该继续朝着达成协议的方向努力，应该进入实质性洽谈的阶段了。谈判者在告示阶段的主要工作是陈述己方观点，提出己方条件和要求，并听取对方陈述其观点，提出其条件和要求。

一、开场陈述

开场陈述包括以下几方面的内容，即陈述的内容，表达的方式，以及对对方建议的反应。

陈述的内容是指洽谈双方各自的观点和立场，这时，必须把我方的观点向对方阐明，而不必阐述双方的共同利益。注意力应放在自己的利益上，不要试图猜测对方的立场。要独立地把自己的观点做一个全面的陈述，并且要给对方以充分搞清我方意图的机会，然后听取对方的全面陈述，并搞清对方的意图。告示阶段的目的就是让对方了解自己的要求和想法，同时自己努力去了解对方的要求和想法，双方作一些双向沟通。但这并不是让你全盘端出，只是说出应该说的话，隐藏不想让对方知道的东西，而不是一味把自己的心事坦白剖析出来。这就要求谈判者在进行双向沟通时要注意保密与泄情的平衡。

应当保密的信息一旦泄露，己方就将在谈判中处于被动地位。商务谈判中的保密范围大致涉及：谈判的目标、方案及服务于这种目标、方案的手段；有关谈判的内部信息资料，包括己方谈判的价值起点、界点、争取点和对对方谈判的价值起点、界点、争取点的预测；谈判班子的决策程度和分工，以及其他一切可能削弱己方议价能力或增加对方议价能力的各种信息、资料等。这些情况一旦泄露，后果不堪设想。

谈判中的泄情有两种。一种是为了谈判顺利进行下去而必须向对方讲述的己方条件，以便创造谈判解决问题的前提。另一种泄情则是谈判策略上的需要，向对方提供多而不切实际的资料，使对方被一大堆琐碎的资料所包围，以致忽略了重要的资料，而错过了真正的问题，借此达到蒙蔽对方的目的。面对着多而乱的资料，谈判对手就会像去赴盛宴一样，这个吃一点，那个吃一点，可能还没有吃到主要的一道菜时，肚子已经撑得不行了。泄情策略应建立在科学的预测和充分评估的基础上，统筹兼顾，不可因小失大，顾此失彼。有些情况的泄露，眼前看是有利的，或仅在局部上有利，但从长远或整体上看却是不利的。这样的信息和资料决不可泄露。

在陈述自己的观点时，要采用"横向铺开"的方法，而不是深谈其中一个问题，陈述的是原则性的而不是具体的。一定要注意，开场陈述应当简明扼要，使对方能够很快地提问。

南美拉尔公司因为搬迁，要出售其公司原有的 50 英亩一流的房地产，华西特公司为扩展公司业务需要再建新的商场，他们看中了这块地皮。两家公司代表很快坐在谈判桌上开始了讨价还价。詹姆斯代表华西特公司作了开场陈述：

"先生们，我这个用户首先阐明我们的立场。这块地皮对我们很有吸引力。我们打算把土地上原来的建筑拆掉而盖起新商场。我们已经同规划局打过交道，相信他们会同意的。现在的关键问题就是时间——我们要以最快的速度在这个问题上达成协议。为此，我们准备简化正常的法律和调查程序。以前咱们从未打过交道，不过据朋友们讲，贵方一向是合作的。这就是敝公司的立场——我是否说清楚了？"

詹姆斯是一位富有经验的谈判人员，他的这番陈述既简单扼要，又清楚明白地阐明了自己的立场和根本利益。

通常开场陈述包括以下内容：

1 我方对问题的理解，即我们认为这次会谈应涉及的问题。

2 我方的利益，即我们希望通过洽谈应取得的利益。要说出我方的首要利益，阐明哪些方面是至关重要的。

3 我方可向对方做出让步的事项。我方可以采取何种方式为双方共同获得利益做出贡献。

4 我方的立场，包括双方以前合作的结果；我方在对方所享有的信誉；今后双方合作中可能出现的好机会或障碍。

陈述应该是很正式的，商业味十足的，所以，应以诚挚和轻松的方式表达出来。结束语需要特别斟酌，切记以柔为上。

在对方完成开场陈述后，应该很快对其做出反应。倾听对方陈述时，不要把注意力花在寻找对策上，应当仔细地倾听对方陈述的中心内容，思考理解其中的关键问题，如果有什么不清楚的地方，要立刻向对方提问。确实搞懂了对方的立场后，再证实一下双方已同意的会谈步骤并做出自己的陈述。这里的陈述一定要注意开场陈述是独立进行的，不要受对方开场陈述的影响。

上面的那项房地产谈判中，拉尔公司代表比列在詹姆斯的发言后，做出了如下开场陈述：

"那么，下一步由我们发表意见。我们非常愿意出售这块地皮。但是，我们还有些关于在这块地皮上保留现存建筑物的承约，不过这一点是灵活的。我们关心的是价格是否可能优惠。我们也不急于出售。这是我们的态度，大家还有什么不清楚吗？"

以这种方式介绍各自的立场，表明双方一直是沿着相互协作的道路前进的，是按照协商一致的步骤为达成协议而共同倡议的。

二、建议

为了取得建设性成果，首先需要有想象力，随后要面对现实。双方以精心培养起来的合作态度开始洽谈，然后又分别地做出了陈述。现在需要的是，做出一种能把双方引向寻求共同利益的现实方向的陈述。

提建议要采取垂直的方式，并且要双方互提建议。之所以要采取垂直的方式，是因为人们往往立刻集中于某一个建议上，或者评头论足，或者进一步深入，总摆脱不了这个思路，而不能马上想起其他方面的建议。为了保持一种合作气氛，并为了使任何一方提出的新设想都会对另一方有所启发，这时双方可以共同协商，以发挥创造性的潜力。

例如，你可以这样向对方提出建议："现在，我们有些什么新设想吗？""我们讨论一下哪种方案最可行，好吗？""我想，也许可以通过易货平衡一下价格问题。""也许我们可以把支付条件作为解决双方分歧的一个桥梁。"

这样，一方可从另一方的倡议中得到启发，双方共同合作，使成交的前景渐趋明朗。

在倡议阶段，需要双方提出各种设想和解决问题的方案，然后再在设想与符合他们商业标准的现实之间搭起一座通向最终成交道路的桥梁。注意，此时任何一方都不能为自己的建议辩护，不能反对别人提出的建议，在这个阶段中，大家应该开阔思路，然后再来分析方案的可行性。

三、报价

报价和磋商是谈判过程中的两个核心。凡是持有这种观点并且在谈判中确实依此行事的人，即使有时候对于谈判过程中其他创造性工作更感兴趣，他们仍然会把掌握报价和磋商的技巧视为重点。

在这个阶段，报价是一个实质性的问题。这里所说的报价不是专指产品价格方面的要求，而是泛指谈判一方向对方提出己方的谈判要求。在任何交易中，买方或卖方的报价，以及随之而来的还价，是整个谈判过程的核心环节。

谈判的过程就是各方提出其最初的要求或发价，然后接到一个反发价，接着双方向中间某一点移动，最后双方达成协议，每一次谈判过程实际上就是一次完整的回馈反应。当买方和卖方各自设下自己的目标和要求，双方互相表示出自己的愿望后，接着便是一连串的回馈反应：每个要求、让步、威胁、延迟、最后的底价、权威的限制，以及彼此的印象都可能影响到双方的期望，"价格"也会随着每次的交谈而升降，朝着新的目标推进。

对于谈判者来说，谈判时，如果你不要求，你就什么也得不到；如果你的要求很少，就不可能得到太多。谈判桌上，如果你提出很高的要求，虽然你基本上没有机会得到高于其最初所提要求的结局，因为一旦开局的要求摆到了桌面上，谈判者就只能从这一点向后退，而不可能得到更多了；

但是你至少能获得那些不要求或要求很少的人无法得到的那部分东西，甚至你还可能得到你所要求的全部。为此，人们虽然知道高要求总会导致僵局的发生，从而使谈判破裂，但是还是常常冒险提出高的期望。

实际的谈判桌上，讨价还价双方的最初要求总是最高的，或者说比他们想得到的要高。在价格方面，对于买方来说，他的开盘价是最低的可行价，而对于卖方，他的要价总是最高的。

开盘价的高低对于卖方尤其具有重要意义，这不仅仅因为开盘价的高低对最终的成交水平有实质性的影响，开盘价一经确定就为卖方的要价定了一个最高限度，卖方不可能在讨价还价中要求对方接受更好的价格，相应的要求和目标越高，最终能得到的好处就越多；更重要的是，开盘价的高低往往会影响到卖方提供的商品或劳务的印象或评价。合理的价格估计常常存在于行为分析的领域之中，而不是存在于对费用的精确测算之中。在买卖市场的任何一个部门中，估价总是与那种"一分钱一分货"的思想联系在一起的，人们总是将高质量与高价格、低质量与低价格联系在一起。因此，卖方在叫价时总是尽可能地叫高价，以便在某种程度上可以增加其竞争力，同时也能为以后的磋商留下充分的余地，因为他给自己留下了一些进行讨价还价的"牌"。

谈判者经常听到这样的忠告：假如你是买主，出价务必要低；假如你是卖主，喊价要高。不过千万注意，出价或喊价务必要合理，不要失之轻率而毁坏整个交易。你的报价虽然很高，或者你出价很低，但它们必须是合乎情理的，要能够讲得通。如果报价过高或出价过低，却说不出原因，势必会有损谈判的进程。在以后阶段的谈判中，对方将会对你提出质问，如果你无言以对，那么很快就被迫做出让步。你非但没有得到多些，还可能失掉原本应该得到的一部分，因为你的要求太过分，超出了合理的范围。

有时，买方对于成交的需求十分强烈，卖方则应当寻求一切可能把价格提到尽可能高的水平的机会。但是，利用这种杠杆要谨慎。如果这只是一种"一锤子买卖"，买卖双方今后不再会彼此见面了，那么不妨使用这种杠杆，尽量抬高价格。

当然，也可以使用一条长远的策略。如果与对方存在合作的可能性，你应当尽量把伙伴关系延长，不要急于马上同意眼前的交易，告诉对方，你做成这笔生意，只是因为你仅对长期交易感兴趣，才去按正常价格成交。询问一下对方可以在这方面给你帮什么忙，然后在同意提供对方急需的东西之前，把关于这种长期交易的协定先敲定下来。如果你不能从对方那里取得相应的优惠作为回报的话，就不要给予对方特殊的优惠条件；而当你终于有可能达成一笔大得多的交易时，就不要急于利用眼前的短期获利机会。

"最高可行价"不是一个绝对的数字，而是取决于特定的具体场合的相对数字。特别是，它与对方进行交易的方式和态度直接相关。报价通常要包括一系列内容。商务谈判的开盘价，不单是价格问题，还要包括交货条件、支付手段、质量标准和其他一系列内容。每个单项的开盘价，都应当是最高可行价，在我方设法为自己谋利时，对方肯定要迫使我方在一两个项目上让步；只有到了磋商阶段，我方才知道他们会在哪些项目上迫使我们让步。因此，我们必须在所有项目上报出高价，以便有足够的余地进行周旋。

总之，记住这个忠告吧：在谈判桌上，你要求得愈多，所得到的也愈多。

所有信号中最强有力的信号是第一次发价的高低，各方对另一方提出的开局要求开始建立了双方的预期值。第一个要求设立了交易的一个外边界。第一个要求应该由你来提，还是让他先提呢？对开局的人来说，优点是他可以坚持自己的上界值。一旦这一上界值摆到桌上来，另一方要想不丢掉生意就很难把这一要求动得太多，这实际上为谈判规定了一个框框，最终协议将在此范围内达成；而且第一个报价在整个谈判与磋商过程中都会持续起作用，故先报价比后报价影响要大得多。不过，先开局也有危险，这就是：很有可能我们要求得不够高，这就丢掉了一大批东西；反之，也可能开始的要求高得有些荒唐，对方根本不可能达到。

例如，我方首先提出要价80万元，他们很可能一开始就还价为10万元，但他们在听到我方报价以前，本来很可能打算从 15 万元或更大的价格报起。先报价的另一个不利之处，是对方会试图在磋商过程中迫使我们按照他们的路子谈下去。也就是说，他们会集中力量对我们的报价发起进攻，逼我们一步一步地降价，而不泄露他们究竟打算出多高的价，这是我们必须坚决拒绝的，我们必须让他们报价、还价，绝不能使谈判转变为一场围绕我方报价的攻击战。

那么，我们应当采取什么方式报价呢？究竟是先报价呢还是后报价？总的来说，如果我们预计到谈判一定会竞争得十分激烈，那么，我们就应当先报价以争得更大的影响；而如果我们是按照惯常的例行程序进行谈判，那么，在报价阶段之前，就应当充分了解谈判的某种特点了。但谁先报价的问题在许多合作型谈判里更加难以回答。的确，在合作气氛比较浓的场合，双方往往无须经历任何艰苦的报价和磋商阶段就能摸索着逐步前进，并达成理想的协议。

应当把开局的形势主要看作是对对方的考验。当讨价还价者相当肯定对方不太相信自己的地位时，比方说，他过去不常订这种合同，他对它值多少没有什么概念，那么，讨价还价者提出第一个要求并偏高一些是有好处的。理想地说，这一要求应高于"最好的交易"的界线，但应以这样一种方式浮动，即使它不形成一种正式的要求。

例如，不断谈论与另外一个公司签订的类似的大合同，并经常以此作为第三方的例子，是个好办法；或者只是把这当成一种假设的情况，"只是要看看能把我们带到哪里去"，也是一种方法。如果对方极力反对，讨价还价者可以降低一些要求，不要让对方失去对我方的信任，要是对方集中围绕着这一高要求进行对话，这就是一个好的信号。当你确信对方准确地知道你要干什么的时候，仍然应该宣扬自己的大胃口的交易，但应让对方首先提出一个报价。而且，你当场要立即做出反应，这非常重要。你应该表示出某种形式的"惊愕"，或者假装没听到和忽略了这个论点。最好的反应是什么也不说，只是思索，这样对方会立刻感到有一种压力。讨价还价者越默默无言，对方将越是逐渐降低他的要求。这时，讨价还价者就能看到对方的要求在多大程度是真实的，而在多大程度上是假动作的。

关于谈判的第一大准则是：如果你不是非要坐下来谈判不可，就不要坐到谈判桌前来。在价格要求的讨价还价方面，我们仍然应坚持这一准则。所以，提出价格问题时，语气要坚定不移，就好像没有任何商量余地一样。如果你用"大约"、"据说"、"大致"这样一些词，对方就会把这作为你的信号，认为这意味着你还可以再向下退步。所以，你的开盘报价或向对方提出的要求要坚决而果断，比如，在宣读报价表的时候，拿出一张纸把数字写下来，并让对方看见，这样就能使报价更加明确无误。不管复杂程度如何，在大多数的谈判场合，一方总会向对方提出自己的要求的，而对方也必然会对提议要求的条款进行检查，以期获得更多的信息。在你向对方提议或提出你的要求和所要价格时，你不必要为你的要求或提议做任何解释说明，因为对方肯定会提出问题的。如果在对方提问之前，我方主动加以说明，往往会使对方意识到我们最关心的问题是什么，这些问题也许他们过去从来没有考虑过。

尤其需要注意的是，切切不要准备一份带有详细论证的长篇陈述交给对方，这样做，你会在30秒钟之内失掉对方对你的注意力。之所以绝对不可如此，其原因有多种：你给出的信息量太大了，对方不可能在其思想中一下子消化掉这么多材料；你没有把这些材料弄得符合于对方的需要；你不容许对方有所反应；你不可能确保你会使对方同意你的建议；你提出的建议就像押宝一样。

你的要求确实保证使你的主要利益看上去是与对方的某个问题有关系的。记住你的目标是影响对方行为，而且是要使对方按照有利于你的方式去行动。为此，对方必须要对你和你的要求有一种正确的态度，为了形成这种正确的态度，他们必须能够澄清他们正在试图解决的问题。任何时候都要抓住中心问题，使用提问的方法来试探对方是否已经理解了你的发言，使用提问的方法来明确对方的保证，使用提问的方法使自己能确知对方与你讨论的议题是一致的。如果他与你不一致，则要返回到这个议题上来，如果你一再敲打这个议题，那么对方通常会自己找到答案，并且这极可能是你最初希望对方提出的答案。

不要长篇累牍地描述你的要求，要让你的建议的内容非常简练和容易记忆。如果你能挑选出一个画龙点睛的短句并将它写成容易记住的形式，那么，这一句话就可以胜过千言万语了。

在你提出事关重大的一些要求时，你一定要给对方留出充裕的时间来习惯它们。人们普遍存在一个直觉问题，人们倾向于只看他们愿意看到的事物，只听他们愿意听到的声音，这是一个确定无疑的事实。对于同一组事件，两个不同的个人会给出不同的解释。

报价时态度要坚定、果断，不要迟疑，不要有保留，不要使人觉得你心虚，这样才能显示出报价者的自信，给对方自下己方是认真而严肃的印象。一旦向对方报价后，就应严肃对待，即使对方宣称已从其他公司得到低于己方的报价，己方仍应毫不含糊地坚持已开出的价格，使对方确信你抱着认真的态度。

报价应当是准确而明白的。有现成的报价单自然好，但若是口头报价，除了口头表达要准确以外，还可以辅之以视觉印象，拿出纸来，写上相应的数字，递给对方，使对方确切了解，不至于产生误解。不要对己方的报价加以解释或评论。只要报价合理，你无需作出辩解，否则，只能是画蛇添足之效，让对方找出你的破绽。正确的态度是在对方提出质询后才加以回答，如果在对方提问之前，己方就主动加以说明，会使对方意识到己方最关心的问题，从而调整策略，重点击破。

在对方报价的过程中，己方应认真听取并准确而完整把握住对方的报价内容。在对方报价结束之后，对那些不清楚之处应要求对方予以回答。然后，将己方对对方报价的理解进行归纳总结，并加以复述，以确认己方理解的正确性。

在对方报价完毕之后，比较理想的做法是：不急于还价，而是要求对方做出价格解释，即要求对方对其价格的构成、报价依据、计算的基础及方式等作详细的解释，从而了解对方报价的实质、意图及其诚意，寻找突破口，使日后的还价有根有据，说服力强。

四、重新审查谈判方针

为了促使对方向我们的条件靠拢，在双方进入激烈的实质洽谈之前，必须查验谈判的局势，审查对方是否采取合作的洽谈方针。谈判者必须找到对方的需求和期望，试验各种计划和策略，并观察对方的反应。如果对方反映可取，必须注意到并予以支持。一旦清楚对方的态度是合作的，就不必担心对方别有用心了。逐渐地，可以放弃其他变通方案，而把精力集中于我方方案中那些正在获得正确反馈的部分。根据对方的反应，改变我们的提议形式以满足对方的需要，或者采取更具进取性的步骤去改变对方的态度。

如果对方在洽谈的实质阶段，并不是同我方一样采取合作的态度，或者对我方的方针态度暧昧，那么，就需要相应地从根本上改变我方的洽谈方计。如果我方寻求各种机会与对方合作，而对方仍一味地亮出"红灯"，那么，我们就有被对方利用的危险。出现这种情况，应当及时地进行分析，评价一下对方在谈判以来的各种行为。

1 自洽谈开始以来，他们的表现如何？他们的行动基本上是合作的还是充满敌意的？

2 从对方开始几分钟的行动中，我们可以做出哪些判断？我们开谈之前，他们曾对我们施加了多大压力？

3 在开场阶段，对方与我们合作诚意如何？他们是否一开始就与我们通力合作？或者从一开始就与我们背道而驰？

4 在我们进行开场陈述时，他们是不是竭力地攻击我们？

5 他们提出设想与采纳设想之比是多少？他们提供的信息之比是多少？

从上述的一系列迹象中，我们可以确定是否采取原定的谈判方针、计划和策略，还是依现实情况做出正确的改变，以便与对方较量。我们要完成的工作就是如何提出要求、条款，如何与对方讨价还价、磋商，最后得到我们想要的结果。

交锋阶段：说服对方获取最大利益

在谈判双方进行了告示阶段的沟通之后，谈判就步入了交锋阶段。交锋阶段是谈判过程中的最重要阶段。在这个阶段，谈判的双方从各自的利益出发，唇枪舌剑，左冲右突，竭力说服对手，使谈判朝着有利于自己的方向发展。

谈判的目的无非是为了获得自己想要的东西。在谈判桌上，各方谈判代表在每个问题上完全一致是不可能的，对立在所难免。谈判双方为了实现自己的利益，说服对手接受自己的意见，实力较量会在交锋阶段明显地表现出来。

交锋，对于谈判者而言，就好似两军对垒，是充分显示自己实力的时候。交锋的关键在于通过实力角逐说服对手接受己方的意见。"说服"一词，听上去似乎是这样一种方法：让别人去做他们不想做的事，或者让别人去相信他们不相信的事。这是一种误解。因此有必要对此作些区别：说服不同于强迫，也不同于操纵。强迫意味着使用暴力或用武力改变其行为；操纵则是通过不老实或幕后指使的方式使别人的行为发生转化；而说服则是提出一些可以自由取舍的论据，以影响别人的信仰、价值观、态度或行为。

一位先生打算给他的妻子买一辆汽车，但他没有急着去购买，他一直等待着，直到市场淡季的时候，他才开始在代理商中找寻着，看谁有多余的地所需要的型号的汽车存货。他先后给三位汽车代理商打电话，询问他们最优惠的价格。大多数人都没有暴露自己，这是完全正常的，但是这位先生已感觉到在 15 万元的市场零售价下，他有可能压价 4000 元。然后，他打破了"如果要想得到的多，就要去找最上头"的原则，他随便走进一处只有一位店员负责的分店。他向那位店员说道，他正要和一位给他非常特殊优惠的竞争者签约。他说，这竞争者有些多余的存货，急于把它们脱手。他还告诉售货员，随着利率上升，在库房中保留一辆汽车会付出很大代价。他说他相信不会找到比这更好的买卖了，并且准备转身就走。谈话时，他尽力使得气氛轻松、愉快。这位店员问他究竟想便宜多少，他回答说8000元。店员请他暂时别做决定，等她请示一下她的经理。最后，这位先生如愿以偿地以比通常价格便宜7000元的价格买下了一辆汽车。

如果你想得到便宜的交易，你同样需要使卖方对你产生兴趣。如果你向对方要一本费用分类明细账，而他们竟然愚蠢地把它交到你的手上，你就可以采用以其之矛攻其之盾的对策了。也许在哪个地方，也许由于某种原因，他们价格中会漏掉一点东西。你可以询问他们关于某些特殊功能所需要的费用，在对方没有告诉你之前，你必须耐心地等候。应该注意的是，在他们向你开价、给你费用分类账单的同时，你要拒绝供任何东西。如果你不够谨慎，他们就会结束谈判。

假如对于对方的报价你一时难以立即做出适当的判断和回答，而对方又逼得比较紧的话，不妨采用拖延的技巧，为自己赢得时间来考虑。但是要注意不要把对方弄得太恼火，以至于他们认为你太难共事了。因为，如果他们不再有兴趣与你打交道的话，你就不可能有好交易可做了。所以，一定要表现出个人的热情和温暖，保持一种良好的朋友关系，而千万不要让讨价还价把讨论弄得剑拔弩张。作为买方，一定不要将卖方敲打得太厉害了，否则卖方就会掘壕固守。

你应当巧妙地将对方在这一场交易中可能赢得的好处一份份地加到一起，并把这一点灌输到他们的意识之中。

但是，如果通过对照发现双方所开条件和要求差距太大，我们仍可以拒绝对方的报价，也可以继续同对方谈判。我方可作如下选择的建议：

1. 由我方来重新报价。

2. 鉴于双方对这笔交易的看法过于悬殊，建议对方撤回报价，重新考虑一个比较实际的报价。

3. 对原报售价暂不做变动，但对其他一些交易条件，如数量、品质、档次等做一些变动。

我们应该明白，双方在让步问题上保持一定的弹性，正是讨价还价得以进行的基础，为了掌握好分寸，我们一定要做点准备。

随之，我们可以采取一些具体的步骤，以保证我方在还价过程中的设想和意图得到贯彻。

1 列两张表。一张包含我方原则上不能做出让步的问题和交易条件，可以写成合同条款的形式；一张则包含我方可以考虑让步或给予优惠的具体项目，最好附上数字，表明让步的幅度和范围。但是，千万不要轻易地让步，以免对方不劳而获，应尽量削弱对方的声势，不要让他轻易得逞。

2 列一张提问表。以便会谈中掌握所提问题的顺序。什么时候说什么问题，有时是有一定成规的。

3 一场谈判往往旷日持久，需要许多回合的会谈。在还价阶段每一回合谈判开始时，要努力造成一种新的气氛，根据需要随时调整并提出新的会议议程。

当然，你也要恰当地把握时机，在你已安排好后，就可以总结了。这时要确保对方的情绪正处于高峰，然后可以告诉对方，你的要求是什么，而对你的最高要求只提一次，可以允许对方暂时走开去习惯一下这种思路。你可以敞开讨价还价的大门，同时确保你是基于满足你的要求的主张去向他们"推销"的，也可以在你的论据中加入一些各方面的原因。你可以向对方指出某些工作的价值，如减少库存、改善现金状况、腾出场地增加生产、保持劳动就业、提高威信、改善销售地位，如此等等。

不管你要买何种东西，切记要向对方问好价，否则，你就要陷入一种"先买东西再谈价钱"的圈套了。

科瑞尔是一个精明能干、年轻的谈判人，艾文斯已从事谈判工作多年，有丰富的谈判经验。他们两人在很多方面都存在较大差异。科瑞尔非常聪明，他总能觉察到许许多多争得1元钱的可能性，而与科瑞尔相比，艾文斯则显得有些笨拙，他似乎对为1元钱而斤斤计较的做法不以为然；科瑞尔看问题很准确，他反应敏捷，能够迅速理解所听到的东西，而艾文斯的反应比较迟钝，他常常在同一个地方不停地绕圈子；科瑞尔的推理性极强，并且想象丰富，总能在谈判桌上提出层出不穷的设想，艾文斯思维混乱，理性思考能力差，而且，他总是难以提出任何积极的倡议；当科瑞尔感觉对方在某个议题上有过分的要求时会立即反击，在这方面艾文斯却总说"我们该怎样对你的老板说，才能让他明白这样做对我们来说是多么的困难"；科瑞尔在谈判中常常表示他是多么的希望能与对方做成这笔交易，而艾文斯却表示，若要按照他的要求成交是如何的困难。

总之，科瑞尔是个聪明伶俐的谈判人，但是他却总让人感到惧怕；相反的，艾文斯却显得和蔼可亲，他常常使对方觉得自己是个相当能干的人。事实上，在真正的谈判中，人们总是对艾文斯做出很大让步，而对于科瑞尔，则常筑起一道墙。

大多数的人都希望让别人以为我们自己很聪明，当我们必须说："我不知道！"或者"请再说一遍！"的时候，却总是感到难以启齿。其实，"愚笨"就是聪明，"聪明"却往往就是愚笨。表面上显得相对地迟缓和鼓励对方采取主动的人是城府很深的，而那些总表现得果断、能干、敏捷、博学或者理智的人并不见得聪明。所以说，聪明人不是去战胜别人而是去影响别人。

谈判的过程要求我们改变对方的行动，要求我们制约他，使他按照我们要求的方向移动。如果想让对方按照你的道路运动，那么你必须要理解他，能感觉到他想要于什么。当他同意你的观点时，要给予支持；而当他不同意你时，就不要支持他或给他设置一点小小的阻力。

有证据说明，当一个谈判者被放到一批十分宽广的选择面前时，他将更大程度地关注理性因素。在这一阶段，他心目中需要的是一种精细的、经过测算并已经定量化了的方案，在讨价还价的开始阶段，这种方案也会使他动心。但是，如果选择范围逐渐缩小，他的个人目的和感情的成分将占支配地位，其中包括他和对方的友谊，他们双方之间业已建立起来的感情纽带。当最终决定很棘手时，这些因素对于走向结束阶段将变得很重要。

重要的是，为了改变对方的行动，首先必须改变对方的态度。我们应从对方预先的设想、已有的信念。所需与所求等为出发点，并推动他们向着我们的建议方向移动。每件事情都有两面，每一次交易也都有满足和不满足的因素在内，双方也都会产生一些需要克服的反对意见，交易之能否成功，很大程度上就在于你如何去面对反对意见，这就取决于你如何在交易中为自己争取到足够的讨价还价力量，并且巧妙地运用你的力量去影响。改变对方的观点。一旦你抓住了要诀，你就可以具有自己的力量，可以很圆滑地处理对方的反对意见，说服他们同意你的观点。

所谓说服，是指在谈判中让对方认识到自己真正利害关系之所在。可以借助于对方的逻辑感，可以诉之于对方的感情，也可以投合于对方的价值感。练习下面的步骤，你可能会发现它们是有效的，它并不是进行说服工作的唯一途径，但它是一条较好的途径。

1. 首先应指出问题

在与顾客谈判之前，记下你所能想到的一切。你所提意见之中所包含的好处，在这个阶段，在他没有从自己的机遇的角度看到它们之前，暂时还没有什么用处。只能是通过提一些试探性的问题，来找到对方问题之所在。

2. 商定解决方案

要和对方一起工作，并设法使对方同意你提出的解决他的问题的总体建议。方法是：当他支持你的建议内容时要鼓励他，并怂恿他在这种情况下表态；而当他提出异议时要退却或提出反对。

3. 选择主要的利益

只选择在适合于你已列举的解决方案的建议中对他有利的部分。你的资料公开得越多，你的地位就越弱，其他好处应备而不用，以对付他的阻力。

4. 对你所说的话提供充分的证据

这是一个非常重要的阶段。为了支持你的观点，尤其是当你谈到你的服务质量时，要给对方提供证据，如表格、数字、各种曲线图、草图、图片、试验结果、研究数据等。必须描绘出你的东西在哪些方面是最好的，并对你说的话提供某些证据。否则，他会暗暗地想："这一切我以前听得多了。"

5. 取得对方的赞同

要让他和你走一条路，如果他想走回头路进行抵制，你就重新把问题再提出来。你应该在下一阶段到来之前确保他能持赞成态度。

6. 把他的代价缩小到最小限度

把他的代价铺得很开，并把它和另外一些小额费用进行比较；把对方的代价在时间上拉开，掰成小块。不要在这一阶段徘徊，而要立即进入下一阶段。

7. 给他一个额外的好处

要在关于对方的代价的说明以后立即引出这一项利益。

8 最后，把赚取的利益总加起来

把他到此为止的所有利益都加起来。并和他一起算出他所获得的毛利；要把这个毛利按一个很长的时间范围来进行累计。

当然，在说服对方的时候，一定要让顾客知道你很清楚他的观点。对方在谈判时会做出一系列反应。首先我们必须对对方进行评价，既把他们集合起来作为一个整体评价，也把他们分散为一些单独的个人进行评价。而后，我们再给对方一个刺激，这种刺激通常是以一种能吸引对方的建议书的形式出现的。我们向对方提出的建议书中所提到的一些好处，可以起到这种刺激作用。这会吸引他们做出一个响应。从这一点出发所进行的交换，将涉及一种塑造对方的响应，使之朝我方观点发展，同时，他们也会想塑造我方的响应，使之朝他方观点发展。

这种塑造过程可以通过正面强化来进行，偶尔也可以通过反面强化来进行。所谓正面强化，即当对方说的话于我方方案有利时，我们将给对方以鼓励；而所谓反面强化，即当对方不支持我方方案时，我们就给他们设置阻力或后撤。这种"教导"对方的过程绝不是单向的——在我们向对方施加作用时，对方也向我们施加作用，而我方这种由想象对方进而产生共鸣或同感的"学习"过程则是通过观察对方的谈判行为而进行的，这将影响彼此的将来行为。

其实，除了对谈判人员施加影响外，还能对谈判形势施加影响。在谈判需要引导对方向预期的成交方向努力时，我们可以向对方提供一个相似的但对他们更有利的交易、更优惠的条件、不同的计划与成交方式，或提供对交易的不同评价方式来影响谈判的形势。此外，采取"制造漩涡"和"边缘政策"的战术，也可以影响谈判的形势。

采取竞争性谈判的对手们，彼此都清楚地知道对方在某程度上玩弄"制造漩涡"的游戏。他们希望对方这样做，甚至很敬佩那些能把这种手段最大限度地使用出来的谈判人员，但这种游戏通常要冒失败的危险。

　　使用这些手法是有技巧的。如果在我方看来，对方的态度很不现实，要想继续谈下去，我们自己就不得按常规行事时，就更需要有这方面的技巧。

　　这时，我们不能太快地做出让步，否则，如果我们让步太快，他们就不会把这种让步当作一回事，而想夺取更大的胜利。

　　当然，在采用这些技巧时，绝不能让对方识破。我们要不动声色，让人信服地进行谈判，尽管这样做带有一定的冒险性。

协议阶段：获得双赢双方皆大欢喜

一、巧妙收尾

商务谈判经过激烈的唇枪舌剑之后，进入最后阶段，总有一定的迹象表示。如果成交时机已经出现，但谈判者并未意识到这一点，反而继续长篇大论地说下去，致使对方兴致索然，他就可能导致谈判告吹。

优秀的谈判家是那些富于警觉和善于感知他人态度变化的人，他能从各种迹象中判定成交的势头。有些成交迹象是有意表示的，有些成交迹象是无意流露的。如果你的谈判对手问你："你们多快能将货物运来？"这就是一种有意表现出来的真正感兴趣的迹象。它告诉你成交的时机已到，即使你的推荐活动还没搞完，也不需要再啰唆了。

谈判对手的另一些话也能提醒你成交的时间。当他询问价格时，就说明他兴趣极浓；当他询问条件时，就说明他实际上已经要成交了。

以上都是有意表示出来的成交迹象，而那些在无意中表现出来的成交迹象则更需要谈判者去及时发现。

谈判对手的兴趣是一盏指示灯。由于谈判者的精彩介绍和说服努力，谈判对手的兴趣被逐渐煽动起来，变作火焰般的成交欲望，他的冷漠态度渐渐隐去，取而代之的是越来越浓厚的兴趣。他坐在椅子上探过身来，眼睛里少了许多怀疑或敌对的神色。对谈判者来说，谈判对手的双手也是一个信息的窗口，因为这双手是张开或是握起来可以代表他的思想状况。只要他还未被说服，不想成交，他的思想和双手都是闭合的；当他的心扉已打开，紧张的思想松弛下来时，他那紧握的双手也会松开。此时，他的嘴角和眼角的肌肉同样会表示出思想和态度的转变。谈判对手不再紧张时，耸起的双肩可能会低落下来。

判定成交迹象，特别需要有敏感的觉察力和掌握好时机。有一个卖电冰箱的年轻售货员在这一点上有深刻的教训，他过于炫耀自己掌握的商品知识，想充分展示推荐技巧，结果错过了成交机会，丧失了一位潜在顾客。

这位潜在顾客是和两个朋友，一道走进商店的，他要给妻子买一台电冰箱作为结婚周年礼物送给她。售货员介绍了没几分钟，一位朋友便对那位顾客讲："好极了，这台冰箱正适合你的需要。"另一位朋友表示赞同，那位顾客也点了点头。可是这个蹩脚的售货员并不理会如此的成交迹象，而是继续地介绍商品，后来，买主又表示出好几个强有力的成交迹象，而那个所谓的售货员还在不住嘴地往下讲，直到那三个人离开商店去别处选购时他仍在夸夸其谈。

由此可见，谈判者必须密切注视对手发出的各种成交信号，对方的语言、面部表情和一举一动都能告诉你他在想什么，你应当学会理解这些信号，然后选定成交时机。此时，对方兴趣正处于高峰。

当然，在商务谈判的过程中，随着谈判的每一细节的深入，对方的兴趣不会总是步步上升的。实际发生的情况是，对方的兴趣是像波浪一样有升有降。有时他会很有兴趣，但是如果此时成交会有所失的话，他可能会立即表示自己无意此，并且提出一些新的反对意见。用于成交的时机对方任何一个兴趣高峰点都可能存在。很难说某一时刻收局为时过早，但经常出现的问题是为时过晚。那么，如何开始进行谈判的收尾呢？

1. 任何时刻都可能鸣金收兵

假如你想为交易直接确定一个最好的期限，不妨使用这一手法。明确告诉对方，在某一期限以前对方是决定前进或退开？例如："您是否能在下星期日前告诉我，您是否真想有什么进展？到那时，我必须通知其他人是否可以来看货。"

2. 可以把它叫作平局吗？

在那些熟练的人手中，这种手法可以成为一种毁灭性的计谋，应该格外小心。如果你不要或没有正确地衡量每一步让步的价值的数量，在处于筋疲力尽和犹豫不决的劣势时，你足以被这种额外的压力所击败，从而打破当时的平衡。

有一方观察了双方所做的让步次数，发现他一方所做的让步比对方要多，于是他宣布这是一种平局："我已经列出了你希望在买这所房子之前要我们做的15件事的全部清单。而你的回报是仅仅同意了我们要求的5件事情，这对我来说是有点不公平。我们就这样好吗？"

但如果对方已开始累计这些让步的价值，而使这种计谋未能奏效的话，那么还有一个更高级的策略去获得最后一次让步。后者可以被称为"最后还是您赢了。"

对方的成功取决于出其不意，如果你能有所预见的话，就可以轻易地将其抵住。

3. 球一出手就算得分

这是一种高明的策略，因为它节省了大量的时间与花费。它的成功取决于：

（1）有一个好的名声作为开端。

（2）非常熟悉这场竞争，知道能很快压倒对方。

（3）对于自己的报价为什么不能重复准备了一个很好的借口，所以可以确定一个期限。

（4）要求相当强烈，报价非常合理。

当你做出最后一次出价之后，该利用每一种可能的姿态表示出你已经走到尽头了，不要让会谈拖得再长，否则就可能功亏一篑。

谈判中的失败大多不能归罪于我们做错了什么，而更多地应归罪于我们没有做一些至关重要的事。失败是因为疏忽，而不是违反规则的罪过。

有很多这样的例子，即人们没有要求他们所希望的东西：顾客没有要求打折扣；商人没有要求订单；财政经理没有要求人家付账单；高级经理没有要求他的职员努力工作，职员们没有向他们的老板要求增加工资。

托尼认识一位顾客，那位顾客需要6台便携式投影仪。托尼是能做这笔生意的，他去会见这位商人，他们亲密的老关系又得到了加强。那位顾客热情很高，在看过一台样机后乐于以稍高一点的价钱买下机器，虽然那机器稍为沉重一点儿。

致命的是托尼没有当时就索取订单。他完全以信任为基础处理这件事，这样，事情就完全不同了。为什么要比我所预想的价钱多付钱呢？当机器需要提来提去时，为什么要买重一点的呢？他明白自己并没有向托尼做出承诺，所以他后来买了别人的机器。如果你最后商定交易的方法不正确，那么世界上所有的谈判技巧都于事无补。一次交易可能有若干个阶段需分别商定，当事的双方需恰当地选择时机。

必须让你的收尾技巧看起来似乎是正常讨论的自然组成部分，对方根本没注意到你在做什么。收尾技巧之所以必要，是因为总会有一方比另一方更渴求做成这一交易，虽然他并没有显露出来。因此他必须设法促使消极的一方与他一起行动。最常用的策略是向对方提出二者必居其一的方案选择："您是愿意我们这样做，还是希望我们不这样做而那样做呢？"

这问话看起来非常自然，却是一种施加压力的手段。因为问题提出的方式没有给对方留出余地说他二者都不喜欢，或者根本不愿谈。但它又很平和，即使对方二者都不同意，讨论仍然可继续进行。

如果不是那样问，而说："那么，您同意这件事吗？"只要对方说一声"不"，就会使你陷入一种尴尬的境地。

在收尾阶段，有时你可以试探出他们是否已准备做出决定。你把话题转到时间、发货问题、协议条款或信贷条款时，如果对方在仔细考虑着一种有利的决定的话，他会对这些小事感兴趣。

其实谈判在于达到一项对双方都有利的承诺或协议，不能用一副交易主宰者的口气说："要么接受，要么就算了"，或者说："这没有什么好谈的"。任何时候这种话都令人不大好受。

一个深思熟虑的谈判者，在使用语言方面既友善又果断，无懈可击。在提出要求时，要提得比预期的目标稍高一点，给自己留有余地。

另外，在收尾阶段，始终要采取一种平静的、信任的姿态。

二、起草备忘录

每次洽谈之后，重要的事情是写一份简短的报告或纪要，并向双方公布，这样才可以确保协议不致以后被撕毁。

这种文件具有一定的法律效力，在以后的纠纷中尤为有用。

在一项长期而复杂、有时甚至延伸到若干次会谈的大型谈判中，每当一个问题谈妥之时，都需要通读双方的记录，查对一致，使不存在任何含混不清的地方。在激烈的谈判中就更有必要了。

谈判都要争取己方做记录，谁保存着会谈记录，谁就握有一定的主动权。如果对方向你出示他的会议记录，那就必须认真查看。如果发现偏差，应立即给予指出和修正。因为如果记录一公布，它似乎具有法律力量，而不论其中的错误之处是否已纠正。这种文件也可有助于说服对方。

美国某个海边城镇要建造一个大型船坞，一位造船商承允提供支持，以换取将来可以在这一船坞中修理船只的权利的许可证，而某娱乐俱乐部以支持换取向建成后的俱乐部提供室内设施的允诺。作为在开发问题上玩弄手腕的专家，船坞公司没有把这些保证以文字形式体现出来。那么，你是否相信今天那位造船商和俱乐部能得到他们所要求的呢？不，他们不能。

显然，他们本来是能够得到的，假如他们在自己具有力量时去确定它，而且从船坞制造者那里拿到书面认可的话。用另外一句话说，他们应该正确地最后确定这项交易。

备忘录并不是作为已达成的协定，它只是双方当事人暂时商定的一般原则，它是以后达成正式协议的基础。备忘录所注重的是内容而不是措辞，没有必要逐字逐句去推敲。一份完好的备忘录中，双方的要求和主要条件才是重要的，没有必要过分注重细节。协定备忘录虽然不是合同书或正式协定书，但一经双方签字，就代表双方的承诺，整个谈判过程大抵算是完成了。下一步工作就是正式签订合同或协定。

三、起草并签订协议

起草协议，特别是一揽子协议，是一件难度较大的事，应谨慎和全面。双方都必须对他们同意的条款有一致的认识，保证协议名副其实。防止某些部分因叙述不当而变得含混不清，造成漏洞，日后导致严重的后果。

1. 价格方面

（1）价格是否最后确定？或缔约者能否收回人工和原材料增加后的成本？

（2）价格是否包括税收、关税或其他法定费用？如果包括，在合同有效期内，倘使这些税率增加，应谁支付增加的税务费用？

（3）价格的确定是否已考虑汇率变动因素？

（4）对于合同价格并不包括的项目是否也已明确？

2. 合同完成

（1）对"完成"是否有明确的解释？它是否包括客户对设备的测试？

（2）如果某些次要的零部件丢失，并不影响设备的性能运转，能否签发一张完成或接受的证明书？

（3）合同的完成是否能分阶段进行？这点是否明确规定？

3. 规格方面

（1）买方取得执照、许可证和图纸的批准等的义务是否明确规定，并注明每件完成的时间？

（2）如果有什么国家或国际机构的一般标准可参照，是否明确运用哪些标准，而那些标准又与合同的哪些部分有关？

（3）对于工厂或现场的材料或设备的测试，以及它们的测试方法是否作了明确的规定？

4. 清点、卸货与仓储等问题

（1）是否明确谁来负责清点，谁来负责交货到现场，谁来负责卸货和仓储？

（2）一些永久性或临时性工作由谁负责安排处理？

5. 索赔问题

（1）处理范围如何？

（2）处理是否排除未来的法律诉讼？

协议或合同草案经双方同意后，就可以进行正式签订，安排签字仪式了。首先应做好文本的准备工作。有关单位应及早做好合同文本的定稿、翻译、校对、印刷、装订、盖章等项工作。同时，准备好签字用的文具、国旗等物品。

参加谈判签字仪式的，基本上是双方参加会谈的全体人员，双方人数应大致相等。不少国家为了表示对协议的重视，往往由更高或更多的领导人出席签字仪式。

双方签字人员进入签字厅。签字人员入座时，其他人员分主客各一方，按身份顺序排列于各自的签字人员座位之后。双方参加签字仪式的助签人员分别站在各自签字人员的外侧，协助翻揭协议文本，指明签字处。在双方保存文本上签字后，由双方助签人员互相传递文本，再在对方保存的文本上签字，然后由双方签字人员交换文本，相互握手。重大的签字仪式后，备有香槟酒，双方共同举杯庆贺。

四、谈判结束并非尾声

签下合同，并不意味着万事皆了，谈判者还有许多事情要做。

首先，谈判结束，回到企业后，谈判者需要立即办的事是着手执行谈判合同。

作为卖主，谈判者应通过验核定货确保合同的绝对执行和货品的发送安全，特别是对第一次购买其货物的买主更应当这样做。有时，他还必须亲自去工厂、仓库或商店进行实地查验。美国堪萨斯市一家大百货公司家具部主任养成了这样一种习惯：当顾客在零售货位的样品中选定几种家具后，他都要亲自去仓库为顾客提货，并且在仓库大批相同的货品中尽力为顾客挑选木质上乘和饰物纯正无瑕的制品。他与这货的司机建立了友谊，促使这些司机在装卸时能真正做到轻拿轻放。

很显然，如果买主对所购产品不知如何使用或操作，那他一定会很恼火，甚至会把东西给退回来。更糟的是，由于不知道商品的起码知识，买主还有可能造成新购物品的损坏，然后根据卖主的保修单要求修理或赔偿。这种问题往往是由于卖主对自己销售的产品过于了解而产生的。因为他过于熟悉这一产品就容易认为稍加说明别人也能马上掌握使用方法。不幸的是，由于自尊心的作怪，一般买主同时也不愿意承认他们尚未完全理解卖主所说明的东西。机智的卖主应当理解这一点，应尽量详细地教会买主的使用方法，注意暗暗地测试买主，看他是否真正明了产品的操作方法。

作为买主，谈判者要做的事情是积极筹集货款，及时支付，并组织好人马做好验货、接货准备。

当然，谈判结束后，由于所预期的各种履约条件的变化，并非所有的谈判合同都能顺利地执行，可能存在着合同的转让、变更、解除、终止等问题。遇到这些情况，谈判者应及时反应，力争以协商或调解的方式解决，必要时也可以采用仲裁或诉讼的方式。

其次，谈判者必须注重巩固与客户的友谊。

只要有可能，人们大都喜欢跟老客户做生意。事实上，每一个成绩卓著的谈判者背后，都有一个十分庞大的老关系网。对于谈判者而言，把时间用于发展与客户的友谊上，就像把钱投入了一笔年年可以获取固定收益的生意上，多少年之后还仍会继续得到回报。

做好善后工作是巩固友谊的一个重要方式，它促使客户继续与你保持业务联系，而不改弦更张去另寻交易伙伴。如果一个卖主在买主使用了新购产品一段时间之后，进一步去检查买主的满意度，自然会激发买主对自己的好感。因为购买了物品并使用了一段时间的买主可能会产生一些问题，你适时地帮他们解决问题，当然会获得他们的信任。

聪明的谈判者懂得用更真诚、更微妙的方法争取朋友。他们不断把如何赚取更多利润的新思路介绍给客户；他们帮助客户为下属机构的关键岗位物色合适人选；他们把客户值得纪念的日子记在心里，比如生日、厂庆及其他各种各样的周年纪念。总而言之，他们对客户表现出真正的兴趣，在做生意赚钱的同时千方百计把双方的关系发展成实实在在的个人友谊。

满意的客户是公司最好的广告。如果一个客户对谈判者的辛勤劳动和公司的产品绝对满意，他情不自禁的好话一定能带来更多的生意。所以，谈判者应牢记这一点：即使同一个客户可能今后会长期不与他生意往来，但也要赢得对方的好感。

最后，在每次谈判之后，谈判者应对此次谈判作一个总结。

对于谈判者而言，每一次谈判都是一个练兵的机会，它是以往谈判知识和经验的运用，也是今后谈判的借鉴。所以，谈判之后，应对谈判过程进行总结，得出经验和教训，以利于指导今后的工作。总结的内容主要包括以下几个方面：

1 谈判目标实现程度，即己方谈判目标是否实现？在多大程度上实现？

2 我方谈判实施情况，包括选择谈判对手、确定谈判小组成员及其内部分工、谈判准备工作及其进程安排以及己方对谈判程序的掌握与控制等。

3 谈判对手的情况，包括对方谈判小组的工作效果、谈判人员的素质与工作效率以及对方成员颇为关注的问题等。

第九章

说服谈判谈笑间：在共情、对抗中拓展

营造合作氛围把生活中的对抗变成合作

有一些关系看似是完全对立的，但其中依然有着可以转化成合作的机会。

比如，顾客和商家的关系。大家都知道，顾客希望花最少的钱来买东西，而商家希望顾客多付出金钱。那么，这其中的对立看似是不可调和的，但是依然有机会。如果两个人能够发生关联，就有机会。

商家会揣测顾客的需要，顾客的需要又希望被商家满足，所以双方只要爱称对方一声"亲"，就能缓解两个人之间的矛盾，让双方感觉到一种合作的关系。

生活中太多的对抗都可以变成一种合作。比如，你要给两个孩子分蛋糕，看似这两个孩子之间一定是存在矛盾的，是此消彼长的关系，但是你可以通过一种手法让这件事情看起来是一种合作：让其中一个孩子先切，另一个孩子先选！

把对抗变成合作是一个重要的意识，只是，我们很多时候意识不到它的重要性。或者说，当一些事情发生在自己身上的时候，出于自我保护和情绪上的冲动，我们忘记了在一些细节上可以营造出合作的感觉；在遇到一些矛盾的时候，我们忘记了可以用更好的方式来化解僵局。

比如，我去和别人谈合作的时候，在一些私下的场合，尤其是要出示一些文件的时候，我很少和对方面对面坐着，我通常会选择和对方坐在同一个方向。这样，我们聊天的时候看到的是同一份文件。在我给他解释一件事情的时候，就容易让对方产生一种我们共同面对一件事情的感觉。

有很多年轻人创业，会因为创业这件事情和家人起很大的矛盾。事情刚开始的时候只是看法不同，继续演化下去就变成了观点不同，再持续恶化下去就变成了不可调和的矛盾。这是多么可惜的事情！要知道创业的过程中要和无数人产生利益上的关联，要是不能把距离自己最近的父母从对抗变成合作，那接下来，面对其他人的意见和自己不同的时候，更容易感觉到心浮气躁。

小林就是因为创业和他的父亲陷入了激烈的冲突中。令小林生气的是他的父亲明确表示不会有任何资金支持小林，甚至说了很多"你创业就是烧钱""你根本不知道天高地厚""你不好好工作就是蠢"这样的话，来表示他根本不看好小林的创业。

小林愤愤地说："他就是不想给我资金支持，只要听说是和钱相关的事情，他一概不支持。比如，我一说想出国，父亲立即同意，但一听说出国需要有一定的资金支持，他随即就说出国不安全，搞不好人财两空。一听说我想创业，开始他也挺高兴，觉得以后可以扬眉吐气了，但一听到我的积蓄在前期投入上根本就不够，他立即就说创业风险太大……"

在小林看来，这件事"没的聊了"。

其实，这件事还存在一定的转机，我们姑且认为小林的父亲是一个把钱看得很重的人。这样的人的特点是不希望别人把自己看穿：小林的父亲每次不支持小林，都是因为小林要向他索取资金支持。但是，他又想装作不是为了钱才不支持小林的，所以他说了很多侮辱人的话。话说得这么难听，本质上是一种欲盖弥彰，是一种自己都不想面对自己人性中某个部分的恼羞成怒。

如果小林说"你就是为了钱"，那么后果不堪设想，双方再也无法收场。但是，小林可以换一种方式来聊："我知道您是担心我创业失败，将来生活困难，那这次创业，您先别借钱给我。您的钱留着将来我有更重要用途的时候再帮我，我先让朋友帮一下忙，大不了高息还他们就可以了……"

果然，当小林采取这样的态度去和他的父亲聊的时候，这个前一分钟还在破口大骂的父亲，听到小林把他不给钱的行为"合理化""伟大化"之后，立即换了另一副面孔，表示"尊重儿子的决定"，还"亲情赞助"了很多社会经验给小林。

我们的确不能选择自己将遇到什么样的人，包括遇到什么类型的父母、什么类型的领导、什么类型的伴侣、什么类型的同事、什么类型的朋友……我们可以决定的是，我们可以说什么，以及能让自己坚持做一个什么样的人。

我想到了一个形象知性、温柔的女主持人，她看到一个很有资历的名人的评价，对方公开表示，认为她嫁人嫁得不好，有人问她对此的看法。

这是一个很考验智商和情商的时刻，如果回应得不好，就会对她和她的家人造成困扰。她回应的大意是："长辈的话我听到了，我在他心中如同女儿，所以无论我嫁给谁，他都会因为疼惜而觉得可惜。"

这位前辈听到后，对她的友善和聪明表示很欣赏。

这个案例中，这个女主持人需要征服的人不仅仅是批评她的人，还包括围观的人。当一个人被其他人语言冒犯的时候，保持涵养和风度不仅仅是为了不刺痛对方，还为了让围观的人看到他自己本身是个怎样的人，并让自己在这个过程中获得一种自我的尊重。

无论多么来势汹汹的语言攻势，都可以先试图往好的一方面引导。要知道，当面对那些存在，也可能不存在敌意的人来说，你的谦和是一种智慧，而非一种胆怯。别人对你的方式粗暴，当你用同样粗暴的方式回敬对方，你就与他一起成了缺乏智慧的人，这会让你的形象和心态都减分。

反之，在这个过程中，你要尽量给对方留面子。能有礼有节地回应，那你不但可以引导舆论，还可以改变对方。毕竟，面子是人的第二心脏。

不到必要的时候，不要在聊天中直接上升到核武器级别的反攻。

有人说，只要有人质疑你，你就质疑对方的动机，这样就可以让对方无所遁形。在我看来，这样的确不失为一种有力的回击，但这么做的缺点是，把本可以化解的矛盾集中在当下的人身上。当你不给别人退路的时候，你自己也就没了退路。

比如，有人在采访一个名人时说："有人说你是在作秀……"

如果他回击："你什么意思？你凭什么这么问？你是不是故意激怒我……"

接下来，两人就要进入掐架状态了。

这个回应最失败的地方在于，对方在质疑的时候，已经虚拟出第三方，这样虽然回避了当下两个人之间的矛盾与冲突，但是不高明的回应又把对方的这份好意给浪费掉了。

其实，可以这样回应："不是作秀。但是，即便是作秀，也是为了宣传环保。不然，我干吗作这个秀呢？为了环保，我不怕质疑，大家慢慢会了解的。"

这样，就把虚拟的第三方的恶意解释为"别人只是暂时不了解内情"。

再比如，有人说："你以前说的一件事是不对的，有错误……"

如果这样回应："你故意揪着我的错误，来让我难堪。"

两人会再次进入掐架状态。

但是，如果这样回应："我讨论的事情当然可能有一些错误的地方，因为我们朋友之间聊天就是为了讨论一些我不懂的事情，听听大家都怎么说。万一我只说自己懂的事情，那不就成了卖弄了吗？哈哈……"

以上聊天语言的"你来我往"中，大家可以感受到巧妙的聊天可以把对抗变成合作，还可以迅速地把本来对你存在质疑的人往你的粉丝群里推。

情商高的人懂得把对方的感受放在第一位

一个情商高的人在说服别人的时候，自然懂得把对方的感受放在第一位，会把自己提前准备好的套路、道理、利益先放在一边。很多人平时看起来人又聪明，智商又高，但是有时会无法说服别人，其原因就是往往不懂得克制，让自己的利益压倒性地战胜了自己的头脑。

美国作家马克·吐温写了一本名为《汤姆·索亚历险记》的书，其中有个很有意思的细节：小男孩汤姆和一个陌生男孩打架，被波利姨妈发现了，于是他被罚粉刷篱笆墙。

这时候，汤姆有了两种思路。第一种思路就是他的情绪压倒了理智，他马上想到过一会儿其他自由自在的男孩子就会出现在街上，搞各种各样的活动。大家一定会笑话他。

他去求他家的奴隶吉姆来帮他。"我说，吉姆，我替你提水，你替我刷墙，好吗？"这个说法让吉姆果断地拒绝了他，因为他害怕被波利姨妈发现。

后来，他打算拿小玩具跟伙伴们交换，让他们替他干活。他把自己积攒的宝贝拿出来仔细检查：小玩具、玻璃球、小破烂儿。这些足够跟伙伴们交换，让他们替他干活。不过，恐怕这些都不够换半小时的自由，于是他放弃了。

第二种思路是，克制自己内心真正的需求，刺激别人的欲望。

他抓起刷子，平静地干起活儿来。

这时，本·罗杰斯来了。在所有男孩中，汤姆最怕受这个男孩的嘲笑了。果然，本·罗杰斯开始嘲笑他了："嘿，老伙计，你不得不干活是吧？你喜欢这活儿吧？"

汤姆很冷静，他故意说："难道一个男孩每天都有机会粉刷篱笆墙吗？我敢打赌，就是从一千个男孩中也挑不出一个能干好这工作的，说不定两千个里也挑不出一个。"

他装作非常投入地享受刷墙。他挥动着刷子，刷完后，还会退两步审视一下效果，在某些地方再补上两刷子，然后再次用吹毛求疵的眼光瞧瞧。

本的眼睛一眨不眨地望着汤姆做每一个动作，越来越感兴趣，越来越着迷了。

很快，本说："汤姆，让我刷一点儿吧。"

汤姆装出打算让步的样子，可是，他又延缓了自己的节奏，说："不行，波利姨妈对这堵篱笆墙要求十分苛刻……"

他彻底把本的胃口吊起来了，本甚至提出用苹果交换粉刷的机会。

汤姆心中十分得意，可是他依然不动声色，还故作不情愿地把刷子递给了本。

最后，这个嘲笑汤姆的本，现在竟在阳光下替汤姆粉刷起篱笆墙来，累得满身大汗。

后来，其他的男孩子也来到街上，他们开始时对汤姆和本干活表示嘲讽，但是最后却都留下来以小玩意儿来交换这个刷篱笆墙以显示自己才能的机会。

整个粉刷过程中，汤姆享受着闲散和舒适，周围的同伴们帮他把篱笆墙足足粉刷了三遍！要不是白粉浆用完了，他准能让全村的孩子动用全部的"宝贝"来换这个刷墙的机会。

这个小说中的情节很耐人寻味。谈笑自如是说服人的前提，根源就在于，当一个人谈笑自如的时候，别人就会认为他要说服自己的事，对对方来说并不是最重要的，也不是和对方利益最相关的事情。

甚至一个人哪怕明明知道，对方说服自己之后，会有巨大的好处，但对方只要表现得心平气和，他就会弱化内心的这种不舒服的感受。

比如这样的一个对话，大家体会一下对方的感受。

业务员："您看您什么时候有空，来我们健身房体验一下？"

顾客："我暂时不考虑。"

业务员："您这样就是对自己的健康不负责任了，人的健康才是最重要的。不然，您现在就是用身体赚钱，将来会用钱换健康，多不划算，您还是来吧。"

顾客："我不去。"

业务员："您为什么不来呢？道理我都跟您说得很清楚了。"

顾客愤然离开。

在这段对话中，大家感受到了什么？也许有朋友要说，生活中我们会使用这么硬的口吻聊天吗？但实际上，这种案例比比皆是。当一个人脑海中总想着自己的业绩、提成，急于达到目标的时候，再聪明的人也有可能利令智昏。

又如：

业务员："您是给谁选衣服？"

顾客："我来给我的一位长辈看看。"

业务员顺手拿了一件，然后说："您看这件喜欢吗？"

顾客："这件不太好，这件是个圆领子，我阿姨喜欢立领。"

业务员急了："现在流行圆领子，你得和她说，圆领子才流行，立领子早就过时了。"

顾客离开。

我们始终要牢记的一点是，对方不是来花钱买教训的，也不是花钱来听你上课的。当你一味进攻时，你就把对方可能存在的诉求和对你刚刚建立的一点好感全部消费完了。

所以，在说服别人的时候，我们要对自己进行有效的训练，要不动声色，要谈笑自如，要有意识地提醒自己和对方聊天时所要关注的事项和自己所要进行的步骤。

再如：

业务员："您平时工作比较忙吧？您看这样好吗，您这个周末来我们健身房感受一下可以吗？"

顾客："哦，我不想去健身房锻炼。"

业务员："哦，我看您身材保持得特别好，您一定有一套自己的锻炼方法，是吗？"

顾客："是的，我平时挺注意锻炼的，我每天早上都去跑步。"

业务员："方便问一下，您是在哪里跑步吗？"

顾客："我一般都去室外跑。"

业务员："您是一位很有生活智慧的人，健康应该放在我们生活中的首要位置。只不过，太多人都忽视了。当然，室外跑步也有一些局限，当天气不好的时候，可能这么好的习惯也不得不中断了，所以我还是建议您来我们健身房感受一下'随来随跑'的便捷。另外，我们也有专业的健身教练和您交流，有一些细节和注意事项，他也可以为您矫正一下。"

顾客："我这个周六过去看看吧，去了以后联系谁？"

业务员："您直接找我就好，我为您介绍一位高级健身教练。"

顾客："好的，谢谢你。到时见。"

这段对话的心法，是说话者虽然是一个主动进攻者，但是他看起来却毫无攻击性，一直在一种不疾不徐的语气里，保证对话的流动和不间断。并且，靠着他高超的赞美对方的聊天术，让听话的人始终感觉对方在为自己提供价值。

换个角度看事情，让交谈进入和顺语境

如果我们足够留心，就会发现，越是有能力的人，说话的时候心态越开放、语气越平缓，因为他们的能力已经能够从更多的角度看待一件事情，所以他们的情绪起伏就不会很大。

而且，越是职位和级别高的人，越是有社会经验。他们就更加懂得，无论遇到什么困难和问题，事情都总有解决的方法，所以没必要剑拔弩张，也没有必要非得争个对错。他们日常的语言像日常的为人处世一样，能给人带来一种"和顺"之感。

小张是一个业务员，他和客户李先生的关系不错。他知道在一个放松的环境谈事情和在办公室谈事情给人的感觉是完全不同的，所以平时他为了联络李先生聊事情，就常常邀请李先生到一些很清雅的环境喝茶、聊天。到结账的时候，小张每次都抢先付账，很有眼力见儿。

事实证明，李先生果然是一个大客户。有一次，李先生的公司从小张这里采购了很大数目的一批产品，这让小张所在的整个公司都很兴奋。小张的领导陈总也亲自出马，和李先生谈一些小张决定不了的折扣和细节。

席间，三个人聊得都很愉快。陈总话虽不多，但是每句话都让李先生无比兴奋。陈总问李先生："你当年创业的时候，环境可比现在难多了，当时你是怎么开辟渠道的？"

聊到这个话题，李先生眼前一亮，瞬间开始滔滔不绝地讲起了自己的创业故事。在这个话题要结束的时候，李先生开始标榜自己的人品。他说："我刚创业的时候，对于那些跟随我的人，是当自己的兄弟一样来交往的，当时完全平分所有的好处。直到现在，我的手下还经常叫我李哥，因为他们都知道，和李哥在一起不吃亏，李哥也从不亏待他们。无论在什么场合，只要李哥在，永远都是李哥埋单。"说到此处，李先生说了一句，"这一点，小张也知道。"

小张当时一愣，随即也做了表面功夫，配合地点头称是。

但是，小张的心里却特别不是滋味。后来，小张找陈总说出了自己的疑问："我和李先生在一起，他每次说要结账，我都抢先了，所以所有的单都是我埋的。他在您面前这样暗示，好像我从来没有付过账，一直都是他在照顾我一样，这不是扭曲事实吗？"

本以为陈总会说："这个李先生，他做人太不诚实了。"或者说："小张，是不是你在撒谎？"

没想到，陈总根本没有纠结在这个问题里，也没有判断事情的对错，更没有评判别人的是非，他只是淡淡地说："没关系，就让他这么说吧。反而显得你能力强，能够不花分文、不请客吃饭就能搞定这么大的一个订单。"

小张说："如果他在行业的圈子里总标榜说，他和我在一起全是他埋单，会不会对我们公司产生负面影响？"

陈总哈哈一笑说："当然不会有负面影响。别人听到我们公司的业务员这么硬气，只会认为我们产品的质量是过硬的，才做到从不求客户，而是令客户向我们示好。"

本来，小张一肚子的委屈，而且心中也都是悲观的想法，但是当陈总寥寥数语说完，小张不但情绪缓解了，还瞬间由一个一肚子委屈的人变成了一个有着小小骄傲的胜利者。

这就是小张和陈总的区别：小张在乎对错，陈总则完全从对错里跳出来，看的是最关键的利弊。

生活中，我们使用语言更是如此有趣。只要换个角度看待一件事情，或者换个角度描述一件事情，你所表达的意思和给对方带来的感受就会完全不同。

让具体行为给说服进行有力的助攻

聊天有时候会让我们在和对方聊天的过程中识人识己。

在我的经历中，有一件事情让我想起来就有些惭愧，这个教训给了我很大的一个启发。于是，我常常采用一种故事化的手法把这样的一个聊天案例，在不同场合进行分享。

我在大学时期就一直研究演讲、口才之类的知识，整个大学期间，我协调和组织学校的活动，与老师、同学打交道也很顺利。毕业后，我找工作的过程也很顺利，我知道这是常年研究沟通的艺术给我带来的好处。

后来，我成为领导秘书之后，和领导沟通也得心应手，和其他人沟通也很顺利，逐步成为助理型的秘书，收入和待遇都超出了我的期待。

一直以来的受益，让我更加迷恋语言的力量，而忽视了更深层的本质的情感。直到有一次，领导让我协助业务部门和一位海归人士谈合作，我以为我当然是没有问题的。刚开始接触的时候，我和老先生相谈甚欢。谁知，两个星期过去后，那位老先生便用他那种礼貌而客气的冷淡对待我了。这让我意识到，真正让话语感动人心的不仅仅是礼貌、得体的谈吐，还考验你往其中注入的情感是否真挚。

我刚开始接触这位老先生的时候，我们相谈甚欢，直到一些细节开始暴露出我并不享受和他聊天的过程。比如，他和我吃饭的时候，服务员问我们要什么，我每次都说随便，因为我脑子里还在规划着一会儿从哪里打开话题，让他赶紧和我们签合同。有一次，他打电话给我，问我什么时候能去他公司一趟。我判断签约在即，这属于临门一脚，一定不能犯错误，所以我赶紧回复我任何时候都有时间……不得不说，合作还是谈成了，但是我和这个老先生的私交也结束了，他对我也仅仅是礼貌和客气。遗憾的是，我们的公务关系再也没有机会转化为私人交往。我就这样错过了一个很有能量和心量的、本来有可能是忘年交的人。

开始思虑这件事的时候，我心里并不觉得自己有多大的错，而随着阅历的增加、接触的人增多，我也被别人这么对待的时候，我才感受到对方当时感受到的不自然。

这段关系的不平等在于我一直希望力的人，所以再有目的性的人都会放下目的，从而和他成为很好的朋友。说得直白一点，貌似别人来征服他，他享受的却是用人格魅力征服别人，毕竟他的学识、见解和视野都是超群的，也会让人真正地想和他做朋友。

而唯独我，还是不肯放松自己的目标。他点头签下一份合同，这就意味着我还是怀着任务之心来和他接触的。对于他来说，他并不排斥我怀着目的前来，但是他认为自己是一位非常有人格魅虽然我表面上和对方聊得很好，但是我心里想的都是合同。当时的我，貌似把一切做得都很好，但是真实的自己是眼中只有事情，没有人。

吃饭的时候，我若享受和他一起吃饭的过程，就不会在点菜的时候说"随便"。我若是把对方当朋友，而不是当作客户，那么他约我时间的时候，我就不会说任何时候都可以。我至少该停顿一会儿，看看自己的时间安排。

在我心里，我和他的关系是不平等的。这种不平等并不会让他好受，他也并不需要假意地套近乎。

在这个案例中，我深深地体会到，两个人之间无论聊什么，你所聊的话和你的行为细节都应该是一致的。否则，只会让明眼人一眼就看出你的"不走心"。

我们也能从与他人相处的细节来看清自己究竟是如何判断两个人之间的关系的：我们把对方当作一个人，还是当作一个实现自己目标的工具；我们把对方看得很重要，还是觉得对方是一个很重要的"猎物"。

我曾听说过，一个木讷的人，会因为他内心的看法，让一句朴实的话，有了雷霆之势！

这个案例是我的朋友王先生的经历。他曾经的一个店员小李遭遇了重大的人生变故，做大手术没有钱，王先生出资帮小李渡过了难关。

后来，小李去了大城市发展。他一直邀请王先生去他所在的城市做客，王先生都婉拒了。那一年，王先生的孩子高考结束放暑假，要去小李所在的城市游玩，于是全家人就到了小李所在的城市。小李给王先生安排了五天的行程。在这五天的时间里，小李让自己的家人全程陪同，并且告诉王先生自己在大城市已经站稳脚跟，并且在聊天的时候总说："哥，咱们现在不缺钱了。"

这次旅游，小李的爱人找机会给王先生的太太买了高档的手包，给王先生的孩子购买了高档电子产品，全程安排得都很周到。由于每次付账的时候，小李夫妻二人都非常主动，王先生只好接受。

五天过去了，王先生要回去，小李送别王先生。小李说了一句话，让王先生一家人都很感动，他说："我所有的一切都是您给的。"

这是一句很感恩，又显得很夸张的话，有的人说这么重的话反而会给对方一种不真诚、假大空的感觉，但是，为话语真正注入力量的是小李的行为。王先生的太太上了飞机后，和王先生说的第一句话是："我们这次来，衣食住行都是高档的安排，但是你看到小李和他的太太了吗？整整五天，他们穿的是同一套衣服。"后来，她又说："我和小李的爱人去逛商场，她拿着满满的一包现金。但是，我问她卫生间在哪里的时候，她说她也是第一次来。"

一路上，王先生一语不发。后来，他给小李的餐厅入了股，帮助小李再次站稳脚跟。

无论是聊天的细节，还是行动的细节，这其中暴露出来的信息，都是小李在大城市正是起步阶段，并没有那么富有，但是他用了能给的最好的一切来款待自己的"恩人"。

所以，他说的话，匹配了他的行为，成为打动人心的利器。

对比两个案例来看，小李的案例令人感动的原因在于，他和王先生之间，谁都没有把对方当作利益伙伴，而是把对方当成了真正可以信任的朋友。这让所有的聊天、所有的细节都对了！

晓之以情，具有感情的真实故事更有说服力

说服、谈判和生活息息相关，大到合同签约，小到家庭琐事。想要艺术化地处理，就不能把这个过程变得剑拔弩张，而应该利用聊天的机会，改变对方的决定。

当你用数据说服别人，别人也许会听你的，但他会感受到你的无趣；当你用故事说服别人，别人改变决定后还会感受到你的温暖。

小闫做种植产业，他的产品采用古法种植，价格非常高。他很注意产品的营销，先是吸引顾客带领孩子来采摘，然后再向顾客推销他的草炭土种植的土豆和其他农产品。

很多人现场感受了农场的天然和环保后，都会高额预订下全年的蔬菜。

有一次，在一群妈妈中有一对母子。这位妈妈一听到蔬菜的价格，当场质疑，并批评农场唯利是图。

当场，小闫的一个下属就和这位妈妈争论得面红耳赤。这位下属把各项报告展示给她看，但是这位妈妈看都不看，还说，这些数据说明不了什么，她看不懂。小闫的下属只能愤愤地说："今天已经有 32 个人订购了蔬菜，难道大家都没有判断力吗？"

小闫的下属说的话让这位妈妈更加生气，她说："我不管别人买不买，但是我看透了这种形式，你们这就是骗钱。我在超市买的蔬菜也是新鲜的，价格才是你们的一半。你们组织家庭采摘活动是个噱头，你们的目的就是为了骗我们这些妈妈花钱买产品。"

就在大家围观的时候，小闫走上前，他镇定地说："这位大姐，我是农场的老板。我比您更懂得钱的珍贵，我从小是在一个单亲家庭长大，我的妈妈很要强，

把一切好的东西都给了我。我知道天下的妈妈都是这样的，任何能为孩子做的事情，她都会努力。我开这个农场，请这么多的家庭来采摘并且现场感受我们种的蔬菜，也是让大家自愿购买，没有一次强买强卖的事情发生。"

这时，小闫的下属也会意过来，也不再和这位妈妈据理力争了，而是耐心地补充："很多妈妈向我反馈，孩子本来挑食，但是因为我家产品的口感不错，孩子挑食的情况正在改善，我们老板特别高兴。"

看着这位妈妈的表情已经从激动到冷静，从冷静到感动，小闫接着说："您现在对价格不满意，我也能理解，因为现在我的成本太高。如果我的规模做大了，我会考虑多做一些优惠的活动，让更多人享受到我们的蔬菜。"

说到这里，这位妈妈非常不好意思地说："真是不好意思，上次我参加别人办的一个活动，我带着孩子去玩了一会儿之后发现，不买东西不让我们走，给我留下了心理阴影，所以今天我一看到你们推销蔬菜卡就发火了。你这么一说，我就放心了，今天的蔬菜我看到了，感觉的确不错，我订一份。"

围观的人听到之后，也纷纷开始订购蔬菜。这一场纷扰结束后，小闫发现这一次居然破了当月的销售纪录，当场采摘的人几乎全部订购了蔬菜。

这就是故事的力量，小闫善于讲出自己的故事。每个人都有故事，但是找到能和别人情感共鸣的故事，然后大大方方地讲出来是需要技术和勇气的。

在讲故事的时候，不能添油加醋，也不能画蛇添足，原原本本、实实在在地说出重点即可。如果讲自己的故事，可以添加感情色彩；如果讲别人的故事，可以在议论中对听故事的人加以引导。

小王的爱人听朋友们炫耀他们孩子的学校有多好，她一时心血来潮，打算卖房子、换地址、转学校。

小王一听，心中很慌，刚准备说服爱人，没想到他爱人就一脸委屈地说："我给爸妈打电话商量这件事，他们居然说我是瞎折腾。我这是瞎折腾吗？谁不是为了自己的孩子好……我不管别人怎么说，他们不是孩子的妈妈，我要为孩子负起责任来。"

小王立即转换了说服的思路，他赶紧说："你这都是为了孩子的未来打算，宁愿牺牲自己的安静，我知道你的心意。"

他爱人立即像得到了支持一样，松了口气。

小王接着说："不过，我们的孩子也不是第一天上学了，转学对他来说影响太大了，好不容易培养的学习氛围和同学关系都变了。这个方面你可能还没有考虑到，我曾经就因为父母做生意转过学。我发现换到陌生的环境后，很长时间的失落感和失去朋友的感受让我无法投入学习。我当时毕竟年纪小，不像现在可以用成年人的思维来理解，当时就是觉得天都塌了，我的朋友们都看不到了，这种不快乐是当时任何东西都弥补不了的。"

听到这里，小王的爱人的表情开始凝重起来。小王在这个故事里所表述的"这种不快乐是当时任何东西都弥补不了的"，让他爱人明白了，如果孩子失去了快乐，就违背了她的初衷，而且这个责任她根本就承担不了。

小王的爱人开始和小王就这个话题展开了思考和讨论。看到形势有所转变，小王立即就找到了重点，开始进攻。他说："孩子最近的学习情况很好，也很稳定，这全靠你平时辛辛苦苦的付出。你的付出比任何人都多，你应该巩固和捍卫自己的劳动果实。如果换别人让孩子转学，你应该立即说'不'！因为这是对你的否定。况且，我还听教育专家讲过课。他强调的是再好的学校都不如一个好的班主任，你和孩子班主任的互动也很不错，她还信任你，让你做家长代表，这就是对你的肯定。如果换一个学校，你又要重新建立自己的信任度了……"

没想到话还没说完，小王的爱人就表态："坚决不让孩子换学校，我真是一时糊涂，孩子好好的，真不应该折腾……"

在这个案例中，小王用故事快速吸引了他的爱人，又在叙述故事的过程中加入了肯定和鼓励对方的积极因素。最后，引用权威对象的观点来佐证自己的判断，便于让对方自己做出正确的选择。

如果我们在实际操作中缺乏自己的故事，对自己有利的相关人的故事同样也可以利用，用那个人的故事对说服对象发动情感攻势。

小丁去买房子，因为第一次和房地产中介打交道，他心里七上八下的，很没有安全感。他的中介人小韩一看到这种情况就理解了小丁的心理，他知道小丁在这样的心理感受下，这单是一定不会成交的。没有任何人会把自己的一大笔钱交到一个自己不信任的人手中，哪怕对方来自口碑很不错的中介机构。

　　小韩开始找时机给小丁吃定心丸。小丁在聊天的过程中突然问了一句："你们老板是靠什么把产业做这么大的？"

　　小韩觉得机会来了，于是就开始讲自己所在公司创始人的故事。他说："听说我们老板也是普通出身，当年他来大城市找工作，第一步当然是租房。当时，他什么都不懂，把自己所有的钱都给了业主。后来，发现上当受骗了，自己瞬间分文没有了，当时真是惨！他当时就决定要在这个城市里活下来、闯出来，他从自己上当的这件事情中找到了商机。他觉得自己如果懂房地产交易，能够保证别人不上当、不受骗，住得安心，买得放心，不就是一笔大生意吗？于是，他就创立了我们这家公司，然后一步步靠着信用做大了……"

　　果然，这个故事一讲完，小丁就自己总结："看来他是自己被骗过，所以他成立了这个公司，帮助交易更加透明，让别人别再上当是吧……"

　　小韩说："是的。而且，我觉得我们老板最厉害的是在自己痛苦的事情里找到了商业的痛点，把自己的事业给做了起来。"

　　小丁接着问："那你一直就在这家公司工作吗？"

　　小韩说："我一开始在这家公司工作，有一段时间，我觉得自己的业务能力已经很强了，就自己出去创业，也做了类似的中介业务。后来发现，靠一个人的力量和小的规模真的很难和大公司竞争，毕竟大公司在各方面给客户提供的保证都是有效的、令人信服的。所以，我后来又回到了公司，在这个公司踏踏实实工作到现在。"

　　小丁在小韩叙述的故事中，建立了对这家大公司的人性化的认识，也因为对小韩的进一步了解，终于慢慢放下了防备。在放松的沟通中，两人加快了成交的节奏。

　　所以，我们讲谁的故事不重要，重要的是怎么讲，要让你面对的人感受到故事里主人公当时的情绪。无论是开心还是恐慌，都有助于带对方进入你建立起的世界。还要让你面对的人体会到你故事表达的观点和情怀，无论是高尚还是平凡，也都能够让对方和你的距离更近一步。

足够的时间给自己的聊天做铺垫，让说服更有力度

聊天可以是一种随性、随心的闲聊，也可以把商业目的包含其中。当聊天成为一种商业手段的时候，只要你最终要实现的商业目的是合情、合理、合法的，你就完全可以把聊天变成一种策略。

有句话说："条件一样时，人们想和朋友做生意；条件不一样时，人们还是想和朋友做生意。"说的就是人们对安全感的追求。两个人之间，聊天聊得越多，朋友式的感觉越容易建立起来。当两方之间的业务关系转化为私人关系时，对方就会对你产生信赖，你在说服对方的过程中也多了很多胜算。

把业务关系转化为私人关系是需要时间的：一种方法是靠长时间的软磨硬泡，这在一定程度上有可能起到作用；另一种方法是在短时间内，靠有策略地说话实现高效率的说服。

宋女士开了一家女子美容店。有一天，她和店员小雅一起去逛商场买衣服。在两个人试衣服时，有一位衣着华丽、装扮时髦的女士也在试衣服。她试来试去，总是不满意。此时，商场的工作人员就上前问她："张姐，您是觉得哪里不满意呢？"

这位女士皱着眉头说："我最近在国外待的时间太长，回国才发现自己晒黑了。这些衣服的颜色都不好，让我看起来肤色更暗了。"

商场的工作人员又给这位张姐推荐了一些别的颜色的衣服，都被她拒绝了。此时，宋女士走到她的面前说："姐姐，这是我刚刚看到的一件衣服。这个尺码就这一件了，我还没试，要不您试试？我感觉这个衣服您穿比我穿要更有味道。"

张姐看到宋女士手中烟灰色的衣服，觉得质感很好，况且又听到宋女士的赞美，心情更加舒畅了，于是就试穿了这件衣服。果然，张姐一照镜子就露出了非常满意和自信的笑容。她想到这是宋女士割爱给自己的，有点不好意思，就说："我现在选件衣服真难，就是这次出国晒伤了，回来怎么补都不行。"

小雅一听，觉得机会来了，马上就要从自己的包里拿出名片夹，被宋女士用一个暗示的手势制止了。宋女士不动声色地和张姐继续聊天："您的皮肤底子还是很好的，所以您通过个人的保养，想再恢复成高圆圆那么白的肤色也是没问题的，我推荐您先……"

张姐很有兴致地听着，因为宋女士给她讲的方法都是日常中可以取材的果蔬美容法，所以令她很感兴趣。张姐听完后，就问："如果坚持采用这样的方法，多久能有效果？"

宋女士自信地说："半年的时间，您的皮肤一定能达到一个令您惊喜的状态。"

听到这个回答，张姐的笑容僵住了，说："对于我这样的急性子来说，半年的时间我可等不了。你还是告诉我一个快的办法吧。"

一听张姐如此询问，小雅想要插话，好在宋女士没等她说话，就开口了："姐姐，看来我这点和您也像的，我也是急性子。所以，我花了很多钱在国外学习过这些方法，却不能学以致用，我皮肤的保养是靠一套美容产品，很规律地每星期做一次脸，才提高到现在的紧敏和白亮的……"

说到这里，张姐像找到了法宝一样高兴，她说："你在哪家店做脸？"

宋女士坦然地说："我自己开了一家美容店，位置在……"

张姐立即向宋女士索要了名片。第二天，张姐就到宋女士的美容店买了贵宾卡，预订了为期一年的美容套餐。

在这个案例中，宋女士的聊天有三种策略。第一，先聊和对方利益相关的事，把一个不大不小的好处让给对方，引起对方的好感。这里我们要注意的是，一个不大不小的好处指的是能让对方高兴，又不至于引起对方的戒备心。第二，她展示自己的专业性的过程中，从不伤害对方的自尊，能够顾全对方的面子。她从问题入手，却能够对问题妥善处理。比如，她没有说："你现在的皮肤很糟糕，暗沉、发黑，需要赶紧想办法了……"如果开始就是这样的一种指责，即使宋女士再专业，对方也不会愿意听下去。相反，她提到的全是对方的优点，例如，她通过语言，暗示对方本来就有女明星高圆圆一样美的皮肤。第三，她能够从免费的建议和免费的美容品入手讲解，这样更让对方信服。尤其要强调的是，宋女士的整套说辞是很自然的，靠的就是这种耐心。这与她的店员小雅不同，小雅遇到机会的时候，总是想迅速把握机会、迅速说服对方。换言之，也就是她太想把潜在顾客像猎物一样拿下，所以很容易就把自己的目的暴露出来。

这是很多人都容易犯的聊天错误，当一个说服者没有耐心的时候，他就会被对方一眼看穿，从而失去机会，因为没有人愿意成为别人的"猎物"。

反之，你越有耐心，对方就越对你感兴趣。对方越对你感兴趣，就会越主动。当对方有了主动性的时候，你引导他做出的选择会被他认为是他自己做的选择。没有人不维护自己的选择和自己的判断，到那时，你的顾客不用你去追，他会自己追上你。

最后要强调的一点是，不但我们在策略上要徐徐而来，用足够的时间给自己的聊天做铺垫，在语速上我们也一定不能快。要切记，慢慢慢，因为你一急对方就会认定此事会对你有利。

善于提出问题，
帮助你更容易洞察别人的想法

好问题有时候胜于千言万语，尤其当我们需要更了解别人的想法时，好的问题会帮对方和我们自己梳理混乱的表象，理出一个人真实的想法。

我大学刚毕业的第一份正式工作是做秘书，后来因为做得不错，就成为助理型秘书，常常协助领导搜集信息。那时候，我发现我身边的同事多了起来，但是我尽量会避免和同事走得太近，怕影响到我对工作的汇报。

果然有一天，一个同事想送我一个和篮球相关的、很贵重的礼物。他说得轻描淡写，说自己是某个球队的忠实支持者，他知道我也是，因为这件礼物是别人送给他的，有两份，所以，他给我一份。

当时，他执意要送，我便问了他一个问题，然后他就心照不宣地把礼物收回了。

我问的问题是，这个球队的某个球员在某一场比赛中的表现如何？

而那位同事，也许根本就不知道这个球员的名字，他只是找借口送给我一个贵重的礼物。但是我知道，每一个礼物暗中都标了价格，所以给退回了。

没过多久，他就因为一些原因离开了。

我想说的是，好的提问，也许听起来很简单，也许看起来问题提得很一般，但它无疑能帮助我们直接看到人心。

常常遇到年轻人提出一些问题，比如"我应该考研还是去工作""我应该听父母的，还是听从自己的内心""我应该辞职去创业还是继续好好工作"。这些都是人生的重要问题，证明提问的人内心充满了很大的困惑。

当我们面对这些问题时，有时候真的需要简单地提问，一层层让对方看到真实的自己。

有个年轻人已经30岁了，他没有找工作，而是在一所大学附近租了房子学习。他家里条件并不好，但是家人都很支持他。他三次考研都失败了，但家人依然支持他考研。他问我："我该怎么办？是坚持理想，还是找工作？"

我问他的第一个问题是，他当年高考的分数是多少。

他告诉了我一个数字，果然是非常不理想的。

在这个数字中，我分析到：首先，他这个年龄应该去找工作，积累一些生活经验了；其次，他坚持考研这么多年，考研成了他躲避进入社会的一个借口；最后，高考分数已经很能说明关键问题了，那就是他并不是擅长考试的人。

我接着问他，为什么高考这道分水岭已经提醒他，他并不是一个擅长考试的人，却非要在自己不擅长的方面努力？

他开始说，高考是他发挥不好，后来又说，他爱学习。

他开始解释的时候，我并不吃惊，我知道对一个人所做的如此重大事件的否定一定会遭到对方的否认，一个人认识自己本来就很困难。

在我追问了他一句"你真的爱学习"这个问题后，他失声痛哭。他说起自己贫困的家庭，说他的家人在村子里一直就没有地位，父亲老实木讷，母亲经常被人数落。他一心想给自己的家人争口气，无奈自己天资笨拙，学习成绩一直不好。他看到村里一位同龄人成绩好，考入了好大学，后来在美国读博士，这户人家在村子里获得了所有人的尊敬。

他心里憋了一口气，也想证明自己是有出息的，更想为自己的家人争口气，于是全家人也都支持他考研。但是，正如我所说，他觉得自己的确不是真的爱学习，因为他发现自己越学越糊涂，越来越难以专心投入……而且，他也恐惧工作，因为他觉得如果学习都学不好，自己再踏入社会，肯定更是寸步难行。他这种焦虑的状态已经持续很多年了，他总是整晚整晚地失眠……他问了我一个问题："我是不是天生就是个笨蛋，什么都做不好？"

听到这个年轻人这么问，我心里一疼。也许因为他从来不肯把这么隐秘的真心话讲出来，所以他始终没有遇到一个明白人帮他梳理内心如此复杂的一个系统。

我告诉他，每个人都有自己的优势，盲目地把别人的轨迹当成自己要走的路注定会失败。他的同村人通过学习获得成功，也获得了尊敬。表面上看，是学习的胜利，本质上却是一个强者的胜利。对方在这个过程中展示了自己的能力，人们都是喜欢强者的。

我还告诉这个年轻人，他如果真的想保护家人，就要脚踏实地去工作，在工作中不断解决问题、不断提升自己，从而不断地提高家人的生活水平。要想让家人扬眉吐气，先从别把家人的血汗钱继续浪费在房租上开始。

他眼睛一亮，随即追问了一句："我能把一份工作做好吗？"

我说："除了好好工作，你别无选择。我可以负责任地告诉你，如果不马上去找工作，你还打算在错误的路上继续走，一年一年蹉跎下去，那么明年的你一定还不如今年的你。"

最后一句话像针一样扎进了他的心里，他再也没有疑问和疑惑了。

后来，他退了学校附近用高价租的房子，告诉家人自己的决定，没想到家人依然全力支持他。他含着泪找了一份工作开始拼搏，只用了短短两年的时间，他的生活就步入了正轨。

这样的案例并不少见，我至少经历了五个类似的场景和聊天。年轻人总想靠自己证明些什么，所以心里一较劲，脚下就走错。在这样的情况下，聊天是为了帮助和说服，但是一味地安抚已经无法解决问题了，只有提问、追问，敢于给对方施加压力，才能真正地帮助对方。

除了年轻人的困惑，生活中这种"货不对版"的案例也需要我们和对方在聊天中，帮助对方去发现他自己没有意识到的问题。

我有一个企业家朋友，有一次他约我吃饭。吃饭期间，他大倒苦水。他说到自己的家人对他很冷淡，说妻子和儿子总是能够聊到一起，把他当作透明人。这对他是完全不公平的，因为他为这个家付出得太多了，他把自己的家人当作生命中最重要的人，他们却如此对待自己。他问我，为什么他的付出，他们这么不领情。

于是，我问了他三个问题："你说得出孩子的三个朋友的名字吗？了解他在学校最爱上的课是什么吗？你知道妻子在周末感到兴奋和幸福的事情是什么吗？"

他努力想回答，但是还是放弃了。他支支吾吾说，这些细节的问题他不想了解。

我告诉他："那你在行动上就没有把他们当作生命中最重要的人。你对你的客户的喜好都研究得非常透彻了，但是你对自己的家人却知之甚少。"

他叹了口气，点点头，开始意识到自己对家庭的付出并没有自己说的那么多。

这次聊天很难在一开始就说服对方，让他意识到自己的问题，因为对方是一个企业家。他和年轻人不一样，他没有年轻人那种崇拜和学习的心态去听别人说话，他也拥有自己强烈的骄傲和自尊。所以，只有具体的问题和细节能让他去发现自己的不足，然后他才能去改变。

这种"货不对版"的生活场景很多，只有靠有效的提问，才能发现问题。

比如下面的一则对话：

"你的爱好是什么？"

"我的爱好是看书。"

"你每周用多少时间看书？"

"啊？我这个周末去看电影了。"

"那这个月你看什么好书了？"

"这个月我没看书，我追了一部电视剧。"

"噢，那你只是以为自己爱看书，或者你以前是个爱看书的人。你现在的爱好只是看电影和电视剧。"

又如：

"我买车就是为了买个代步工具。"

"你以前靠什么代步？"

"我家在地铁旁边，我坐地铁很方便。"

"什么让你突然决定换代步工具了？"

"孩子说，他们同学家里都有车，所以我也想买了。"

"看来，你不是为了买代步工具。在你心中，车代表了面子和尊严。"

在语言上为自己争取权利，是对自己和对方负责任的你表现

要学会在语言上为自己争取权利，这并不是要一个人去咄咄逼人地与人沟通和谈话，而是我们要明白我们和别人之间必须求得一个心理上的平衡。这样不但是对自己负责任，也是对对方负责任。

举个例子来说，你很爱某个女人，所以不论她说什么，你都会说好。可是，这样达到的效果一定是好的吗？对方可能觉得你没主见。正确的做法是，当你为对方做一些事情时，一定要索取一定的回报。有人说，我做的事情很难索取同样的回报，比如对方让我帮她修电脑，我总不能让她帮我补衣服吧？

那么，我们该如何通过聊天的方式让自己获得即时利益呢？大家可以感受一下如下两个对话的不同：

"我们约的周日一起吃饭，我想改日期。"

"好的，没问题。"

"我想改成周六。"

"好的。"

"上次说的是川菜，我想改成粤菜。"

"好的。"

"那么，我们周五再确认一下吧，也许我周六也很忙。"

"好。"

这位男士回应的四个"好"，看似为对方妥协了很多，但实际上却给对方产生了很消极的感觉。

"我们约的周日一起吃饭，我想改日期。"

"好的，没问题。"

"我想改成周六。"

"周日你有什么安排吗？"

"我的妹妹想从外地过来看我。"

"好的。"

"我最近不想吃川菜，我想改成去吃粤菜。"

"我知道一家很有名的粤菜馆，我们周六先去尝尝看，如果味道特别好，那么周日你妹妹过来的时候，我们可以带她一起去。"

"好的……"

在这则对话中，这位男士在"服从"女士安排的同时，以了解信息的方式获得了回报。还通过为对方提供价值，进而为自己获取了非常大的利益，也就是在追求一个女生的时候，在她的家人面前有了一个表现的机会。而且，这是一位高情商的男士，这一句"我们"承接着上文，让女方并不感觉到"套近乎"的尴尬，一切听起来又那么行云流水、毫不刻意。

又如，你是一位女性，你很爱你的"男神"，可是却不懂得如何处理你们的关系，每次在对方需要你的时候，你都跑步跟随。久而久之，即使对方和你在一起，你还是会一直存在不安全感，可能会通过很"作"的方式去验证对方是否也同样喜欢你。正确的方法是，在你为对方付出的时候，也需要强化他对你的认可。

我们来感受一下下面两个对话的不同：

"我每天晚上都给你打电话，可是你怎么这么忙，都没有一次主动给我打电话。""我这个星期是挺忙的。""那周末你总会有时间吧，和我一起吃饭好吗？""我要看一下时间。""你再忙也是要吃饭的，我们就约周六好不好呀？""好吧。"在这个对话中，女方对自己的权利等于是全部放弃，而且并不能让对方感受到快乐，反而让男方感觉自己是被征服的一方。即使男方答应去吃饭，也会充满勉强。

"你这一个星期很忙吧，我记得上个星期你给我打了一个电话。你虽然只是和我随便聊聊，但是我觉得很开心。"

"不好意思呀，这个星期带了个新团队，忙得人仰马翻。"

"我能理解你，毕竟你是一个领导，要先做好表率才行。那你这个星期有什么想做，却没有时间做的事情呢？"

"这个星期我连饭都没有好好吃过。"

"你喜欢中餐还是西餐？周末的时候，我陪你一起去吧。"

"我们去吃西餐吧，真希望这个周末不要再加班了。"

在这个对话中，女方提的要求能让对方愉快接受的原因，是她始终站在理解的角度，让男方占有主导权。虽然一切按照她的模式在走，但是对于普遍粗线条的男士来说，他会感觉一切都是自己安排的，因此主动性会更高。

生活中就应当如此：当我们提要求的时候，要让对方能够愉快地接受；当对方给我们提要求的时候，我们也要适当地索取情绪上的回报。

大到去说服领导按照你的想法部署，小到让你的同事帮忙，都要使用一定的平衡策略，来增进两个人的关系。

小张的公司有一位领导李总。李总年纪很大，常常做出一些错误的指导，令年轻的员工感觉很受挫。

大家对他这种"刷存在感"的行为非常苦恼，又苦于毫无对策，毕竟李总在公司还是非常重要的。而且，在很多事情上，李总也的确有他的经验和长处。

但是，李总也不是铁板一块，小张就是公司里最能理解李总的人。

在他看来，一个领导的权利能够得到展示的时刻有两个：一个是给下属好处的时候，一个是对下属说"不"的时候。这本来就是李总应享受的语言上的权利。

当然，这让说服领导就显得困难重重。但是，小张从李总的"好为人师"的特点人手开始组织聊天的语言，让李总答应了他很少给员工批准的调休假。

小张对李总说："李总，我想问一下，您是怎样做到对客户的控制力那么强的？比如前段时间，我们以为和供货商的谈判已经没办法了，您还是坚持去谈，后来竟然谈成了。"

李总听着小张的话，感觉很受用，就随口介绍了一些方法。

小张说："我就想不到这样的方法，您是怎么想到这个方法的呢？"

李总笑着说："这是因为社会经验的不同。"

小张赶紧说："您的宝贵经验我们谁也偷不来，所以我们只能靠笨办法，多去学习，才能争取模仿和领会您的方法，在谈事情的时候照葫芦画瓢。"

李总说："你们年轻人应该多学一些知识。"

小张说："前段时间，我一个朋友说他下周要去听三天的培训课。我本来怕麻烦，不想和公司申请调休，和您聊过天之后，我越发觉得，我们差得太多，的确需要多学习来弥补一下不足。"

李总笑笑说："我给你批准调休，你去吧，因为社会经验的积累不是一天两天就能养成的，但是学习可以加快你的进步。"

就这样，小张采取了一种尊重和请教的聊天方式和李总沟通，满足了对方好为人师的心理需求。毕竟，大部分人都愿意好为人师，尤其是李总，他的工作就是指挥别人。小张通过尊重对方的权利，和给对方一种很高的语言权利，得到了自己的调休权利。重要的是，在他的眼中，李总从来就不是一个不通情理的人，他在公司的发展也是正面和顺畅的。

生活中巧妙的拒绝技巧能够赢得对手尊重

有底线的人才能真正赢得别人的尊重，只是我们需要把握"为什么要说'不'""什么时候说'不'""怎么说'不'"的技巧。

有一个年轻人小陈，刚工作不久，他自我感觉与同事、领导的关系都很好，但是试用期却没有通过而离开了公司。

同事们不论谁找他解决任何事情，他说的都是"没问题"。领导让他处理一些事情，他也会说"没问题"。可是久而久之，大家发现他工作时间总在处理别人的事情，而自己的工作完成得却并不突出。又因为领导吩咐他事情的时候，他总是满口答应，但是在实际工作中却发现困难重重，最后也给领导留下了不好的印象。

他不明白为什么被辞退，难道做好事错了吗?

做好事没有错，但一味做"滥好人"就一定是错了。我们有这样一句话，叫"升米养恩，斗米养仇"。讲的是两家人是邻居，平时关系还不错，其中一家人比另一家人富裕一些。有一年，穷的那家人收成不好，邻居就借给了他们一升米，救了急。穷的一家非常感激邻居，认为他们是救命的恩人。

熬过最艰苦的那段日子后，接受帮助的那家的男主人就来感谢自己的邻居。邻居非常慷慨地说："这样吧，我这里的粮食还有很多，你就再拿去一斗吧。"

拿着一斗米回家后，这个人心里不是滋味了，觉得对方有那么多粮食，自己却如此贫困，而对方帮助自己的实在太少了，觉得对方还是坏得很。本来关系不错的两家人，从此就成了仇人。

这就是滥好人的故事。同样，泛滥的示好和过早的示好都是降低自己信誉度的行为。

小思是个很好的姑娘，但是总让人感觉到她的不自信。她以前看到书上说：人要多学会微笑，这样给人留下的第一印象就会非常好，也会使接下来的交流非常顺畅。

这点是没错的，但是她没有注意到的窍门是，聪明的人从来不会让自己的笑容来得太早！因为当两个人相遇的时候，一定是自我感觉弱势的人会先露出笑容。所以，当你刚认识一个人的时候，你可以笑，但是要让自己的笑容来得晚一点儿，在打完招呼后再露出友善的、淡淡的微笑，而不是总是以八颗牙齿的笑示好别人，这样反而会让对方认为你有求于他。

做好事也是如此。要综合分析，看对象、看场合、看自己的能力是否能达到，否则就是对双方的不负责任。工作中，常常会有一些人总是抱怨领导给自己安排了一个繁重的工作任务。

大部分情况下，一个繁重的工作任务后面都会有一份丰厚的回报，值得抱怨的应该是这个任务本身就是有问题的。那么，为什么不在一开始的时候给老板一个拒绝的信号呢？这样，你和老板都不会成为"坏人"了。

可能有人会说，这种事情没得聊，老板刚愎自用，我没有办法说服他，而且他也根本不听我的理由。与其这样，是不是直接执行就好了？

当然不是！这件事情如果你判断是一件没有价值的事情，那么你提前拒绝和没有拒绝是会产生截然不同的后果的：即使最后事情搞砸了，前者你是功臣，老板会在心里默默地认为你是一个有判断力的人，还会对你产生一定的补偿心理；后者的话，老板有可能判断不是因为事情本来有问题，而是执行的人也就是你没有把工作做好。尤其是你带着一种情绪去操作的时候，谁都能感受到你的不情愿，事情没做好，大家更容易认为是你的工作态度本身有问题。

和领导说"不"，与拒绝普通同事有一些区别。

对普通同事说"不"，你要学会的是，表达你的能力有限和你的为难，用你为难的表情。例如，把视线调整到一个非直接注视对方双眼的状态来表达你内心的犹豫，再配合上你的不忍拒绝但不得不拒绝的表情，让对方感受到你的爱莫能助，对方自然就会知难而退了。

但是，对领导的拒绝恰恰相反，你表现出委屈的样子会让领导失去对你的信任。正确的方法是，表示自信，刺激领导重新思考。

我工作第三年的时候，由于部门内部重组，我的领导对我委以重任，让我去负责管理一个他想要成立的新部门。我知道，凭我的工作经验、业务能力实在是无法驾驭这份工作的。

但是，我采用了一种表达自信的方法向我当时的领导说"不"。

我说："好的，不过由于我对要成立的部门的业务不够熟练，所以请领导在资源上予以一定的支持。"

当我把自己准备得很充分的支持条件汇报给领导的时候，那位领导才发现新的业务部门需要的不仅是一个管理者，想做出业绩，还必须要有大量的人力和财力的成本投入！

或者说，也许他早就知道会有这么大的一笔投入，只是他回避考虑，想让我先试试水。而当我理性而客观地把自己所要求的"支持"推到他面前的时候，他不但知难而退，后来因为解散了那个原本要组织的新部门，还对我产生了一种愧疚的心情。在一些重要的学习和工作机会面前，我比其他人多了一份幸运。

运用强弱并用的双线谈判技巧
打赢谈判心理战

谈判是一场心理战，高情商的人懂得利用强和弱两种方式来服务自己的目标。比如，当我们谈判的时候，给对方直接的利益是强驱动，与对方保持友好的合作状态是弱驱动。谈判的时候，如果你能有这两条线齐头并进，你赢的可能性就会增加。

我看到过很多商业的、生活中的谈判，本来不难的局面，因为不能够活用这两种方式而导致谈判失败。反之，也有很成功的案例，向我们证明在任何处境下，我们都可以借由这两种方式给对方机会，也为自己赢取主动权。

小黎要从一家小公司离职。当时，他已经在原公司做了一个重要的项目，会给老板带来不错的前景，但是他离职的时候，老板并不想把原来承诺给他的做这个项目的薪水付清。

于是，小黎就只能和老板进行谈判。小黎本来是一个不擅长为自己争取利益的人，所以他和老板的谈判很容易演变成要么剑拔弩张，要么无功而返。

但是，他掌握了强弱并用的双线谈判，于是很容易地成了一个谈判高手。

在利益上，他明确表示，这个项目是他投入心血才操作成功的，他对待这个项目就像对待自己的孩子一样认真和在乎。他问自己的老板，对这个项目的成果是否满意，值不值得老板为此结清自己这笔费用。

老板果然笑着说，这个项目小黎做得不错，但是因为小黎离职有些突然，所以他暂时没有钱来结清。

此时，小黎启动了情感进攻。他大大方方地说："我知道这一刻很尴尬，但是我想，我们的公司虽然不大，但是我在这里工作了这么久，从来都没有觉得您是一个没有抱负的人。我想，您创业的初衷一定不会是希望自己成为一个让员工拿不到工资而离开的人。"

最后这一句话听起来很平常，但是在生活中，很少有人能大大方方地说出来，所以即使像小黎这样，像背课文一样说出来的时候，给对方的情感冲击依然是强大的。

老板当场打电话让他的家人把小黎的工资分文不少地送来了。

在以上案例中，小黎表明自己认真谈判的态度就是一种强势的利益诉求，让对方知道他的决心，以及不会就此放弃的态度，给对方造成实实在在的压力。从情感上打动老板，他采用了非常巧妙的方式，不是用自己的情感来说服老板，而是用老板创业之初的雄心来唤醒现在的老板，让他避免成为一个违背自己初心的人。

即使在使用情感这一种方式来谈判的时候，我们依然可以选择强弱结合的方式来组织自己的语言。

小林在一家公司工作，一直干得得心应手。有一次，他想知道自己如果去别的同类型企业会有什么样的待遇，于是他更新了简历，也联系了其他的公司。但是最后他发现，综合来看，其他公司给出的待遇虽然比他现有的工资有所提高，但还不足以让他去换工作。可是，这件事情被他的直接领导了解到了。这位领导很不高兴，动辄就开始为难小林，让小林明显感觉到了领导的敌意。

就在所有人以为小林肯定要被迫走人的时候，小林只用了两句话就挽回了局面。他走到直接领导的办公室，问了领导一句话："您是要为难我吗？"

直接领导显然有点儿没明白小林的出招套路，他当然立即否定："当然不是！"

小林说："那您希望我怎样做呢？"

直接领导说："我希望你能踏踏实实地工作。你在公司也是一名老员工了，多给大家起表率作用，让你周围的人对公司更有向心力。"

当小林从直接领导的办公室出来的时候，他知道整个形势都已经被控制住了，事情不会往更恶劣的方向发展了。

在这个谈判中，小林虽然只用到了情感的方式来谈判，但是他所利用的情感工具依然是两套，有强有弱。第一句："您是要为难我吗？"以一句强烈的攻势开始，令领导无法承认。第二句："那您希望我怎样做呢？"是一种情感上的示弱，让领导得到安全感。所以，向其他公司投简历这件事，不必露骨地拿出来谈判，危机就已经悄然解除了。

双线谈判的方式适用于很多场合，很多人常常关心的一个问题，就是如何向老板提涨工资。其实，在聊涨工资这个话题的时候，你如果能在语言细节上给对方一些情感照顾，你的强诉求就会看起来可爱得多。

毕竟，无论你采用什么方式来提涨工资，都是一个强势的、直接的利益要求，一定会给对方带来不舒服的感觉。所以，你在聊这个话题时，"示之以弱，藏之以强"不是锦上添花的方式，而是必要的语言组织方式。

比如，你对对方说"我希望您能帮我争取"，就给了对方一定的尊重，毕竟在大部分公司，即使涨工资是一个人说了算的事情，公司也会让这个权利分散开，以便于互相推诿。这其中，就有了你的机会。当你这样说的时候，就把对方和你拉到了同一阵营。并且，你在情感上处于弱势，把自己变成一个需要帮助的一方，这样会激发对方的善意。

再或者，你在期待的薪资要求上，可以给对方一个区间，而不是一个明确的数字，这样是用一种柔和的方式为涨工资这样的强需求增加一些弹性和空间。

巧妙引入第三方，把谈话僵局盘活

一个小男孩在院子里搬石头。他是个很小的男孩，石头对他来说相当巨大。他手脚并用，依然无法把石头搬走。

小男孩一次又一次地尝试把石头搬起来，但是，他一次又一次地失败了。最后，他伤心地哭了起来。整个过程，男孩的父亲从窗户里看得一清二楚。当泪珠滚过孩子的脸庞时，父亲来到了他面前。

父亲的话温和而坚定："儿子，你为什么不用上所有的力量呢？"

垂头丧气的小男孩抽泣道："我已经用尽全力了，我用尽了我所有的力量！"

父亲亲切地纠正道："儿子，你并没有用尽你所有的力量，因为你没有请求我来帮助你。"

父亲弯下腰，轻而易举地搬走了石头。

听起来这是一个简单的故事，我们的生活中却时常陷入这样的困局。在我们克服困难、说服别人的时候同样如此，有的事情我们一个人可以单枪匹马搞定，但有的时候，我们需要请别人帮忙。

尤其在双方处于矛盾和焦灼状态，又势均力敌的时候，谁能够争取到第三方，谁就获得了主导权。

陈先生进入一家家族企业，即使得到了企业最高负责人的支持，他在进行具体工作的时候也依然困难重重。他靠个人的努力无法推进自己的管理，而这家企业家族体系庞大，他每次找最高负责人汇报工作的时候都感觉压力很大，因为对方的眼神里面分明写着一句话："你难道让我把我所有的家人都开除吗？"

这时候，就进入了一个靠个人能量无法解决困难的状态。我和他聊天的时候，也只能提醒他，即使要排除一些对企业发展不利的人，也不应该是他要直接面对的矛盾，而应该从公正、客观的第三方切入。

果然，陈先生立即找到了他。自己的办法，他想既然要进行变革和进行更科学化的管理，就应该引入专业人才。果然，不到一个月，陈先生就请到了在管理方面非常有权威感的人士介入公司事务，在公司的流程上进行了大刀阔斧的改革。

当他把应该重组和裁员的名单交给企业最高负责人的时候，事情变得异常顺利。不到三个月的时间，他就做完了半年深陷僵局却束手无策的事情。

不但在做事情上如此，生活中大到与客户谈判，小到搞定你的家人，都需要这样的方法。我曾经参与了一个与国外友人的友好谈判，对方熟谙谈判之道，他提出了一个我方无法完成并且显得有些可笑的要求。

就在谈判马上要崩盘的时刻，对方找到了一位姓方的女士出面进行协调。方女士所处的行业和这家外国公司毫无关联，基本就是两个完全不同的产业。她表示自己的目标也并非是一定要促成合作，只不过这件事情是受朋友的朋友所托，碍于面子想从中协调一下。

当我们感受到方女士不能从这次谈判中获益的时候，我们对方女士的态度积极多了，也放松多了，甚至对方女士还多了一份感谢。

我方多次约方女士吃饭、聊天、给她送小礼物，表示对她的感谢，她也多次表示会帮助我们去与对方沟通。

果然，在她的有力推动下，合作最后谈成了。

故事的趣味性发生在后期，我的同事在实际工作中发现，对方起初提出的高要求依然成为我们后期合作中的重要参考，因为我们对国外公司最初提的高要求未给予满足总是存在着一种补偿心理，所以大家不免处处给对方开绿灯。最有趣的是，过了很长时间，大家才了解到这位方女士是外方负责人的伴侣，只是双方都没有对外公布关系而已。

这让我想到了，很多情况下，亲密关系里存在的问题都会在其他场合得到解决。有位先生想创业，他的妻子坚决不同意，妻子先是用尽了各种角度、各种方法和老公恳切长聊，却并没有达到任何效果。后来，她开始和老公长久争吵、冷战，陷入僵局也在所不惜……直到她的闺密劝她一定要支持老公创业的时候，她才开始思考，开始分析自己是不是做错了。

有位女士想买房，她的老公坚决不同意。她的老公多次和她聊天，无论说什么对方都不肯听，甚至发出了"不买房就离婚"的威胁。即便如此，这位老公还是没有妥协。这样的情况持续了很长一段时间。

后来一个偶然的机会，这位老公的一位同事和他聊起他应该买房。听他同事说话的时候，他像变了一个人，没有任何反感，也不存在任何情绪，而是认真地和对方聊天，他思考自己是不是应该去支持自己的伴侣。

以上都不是戏剧化的演绎，而是我们生活中随处可见的现象。究其根本，在于不涉及具体利益和权利争夺的第三方，人们容易认为他是公正、无私、客观的。从而，人们对第三方没有抵触，只有信任。大家看到他们的时候就会想："他为什么这样劝我呢？他的劝说对他自己是一定没有什么好处的，所以对方真的是有可能为我好，而不仅仅是为了说服我。"

齐女士买好了去国外度假的机票，可是就在这个关键时刻，她妈妈以传统风俗为由，不允许她在中秋节这个应该团圆的日子外出旅行。她和自己的妈妈据理力争，但是效果不好，眼看自己要遭遇精神和经济上的双面损失，她向自己的邻居陈阿姨抱怨了这件事情。

没想到陈阿姨和齐女士的妈妈简简单单聊了几句话就把事情说通了。陈阿姨说："听说你家孩子想趁着假期去国外度假，真是有出息的孩子，趁着年轻多出去看看世界。你看看我们这个岁数，尤其是你我，腰腿还都不好，想去也没那份心力了。"几句话就解决了齐女士的困局。

在工作中也是如此。当你的工作遇到克服不了的困难时，多想想行没有第三方能够帮助你。

我曾经邀请一家企业合作项目，对方可：考虑的对象实在太多，如何从这个局面里胜出，对方的身边一定要有能够帮助自己的朋友。

果然，其他人都找对方负责人的现任朋友帮助协调，而我找的是对方负责人的前任助理。

最后发现，已经不在其位的员工发表的意见，被认为是中肯的，因为他是真正的不涉及利益的第三方。正如一些企业会特别愿意倾听离职的员工发表意见，而对在职员工的某些抗议的声音充耳不闻。

最后，让我们在聊不到出路的时候，一定要记住，要完成一件个人之力所不能及之事，须善于借用外界的、他人的、团队的力量，才能达到目的。

第十章

运用妙语表达，在谈判中争取主动

事先做足功课，掌握谈判的主动权

　　人们常说："如果准备不成功，那你就准备失败吧！"谈判活动是智慧、策略和技巧的比拼，谈判人员只有在充分了解谈判对手的基础上才能更好地发挥自己的智慧，施展自己的谈判策略。谈判者只有掌握了及时、准确、全面的信息，摸清对方的底细，才能在扑朔迷离的谈判桌上掌握主动权。因此，在开始谈判前。收集谈判对手的各项信息、摸清对方的底细对取得谈判的成功非常重要。这就要求谈判人员在谈判之前做好信息收集工作，尽量争取谈判中的主动权。

　　金秋的一天，中方代表与外方代表在北京举行了一场谈判，谈判的议题是关于中国进口某国汽车的质量问题。我方代表首先发言，简单介绍了全国各地对该品牌汽车损坏情况的反映。对方深知汽车的质量问题是无法回避的，他们采取避重就轻的策略，每讲一句话都是言辞谨慎，看来是经过反复推敲的。比如他们在谈到汽车损坏的情况时说："有的车子轮胎炸裂，有的车架偶有裂纹……"我方代表立即予以纠正："先生，车架出现的不仅是裂纹，而是裂缝、断裂！请看——这是我们现场拍的照片。"说着，随手拿出一摞事先准备好的照片递给对方。

　　在事实面前，对方不得不承认这个事实。连忙改口："是的，偶有一些裂缝和断裂。"我方步步紧逼，毫不让步："请不要用'偶有''一些'那样的模糊概念，最好是用比例、数字来表达，这样才更准确、更科学。""请原谅，比例和数字未做准确统计。"对方以承认自己的疏忽来搪塞。"那么，请看我方的统计数字和比例数字，请贵公司进一步核对。"我方又出示了准备好的统计数字。

　　对方对此提出异议："不至于损坏到如此程度吧？这是不可理解的。"我方拿出商检证书："这里有商检公证机关的公证结论，还有商检时拍摄的录像，请过目。"对方想步步为营，我方却一步也不退让。

最后，在大量证据面前，外方不得不承认他们的汽车质量确有严重问题，签署了赔款协议。这场谈判的胜利，与其说是我方代表精明强干，倒不如说是他们在谈判之前准备充分，资料齐全。

谈判是一种复杂，有时甚至是艰苦的活动，需要谈判双方尽可能多的掌握有关谈判主题的材料，运用多种策略和谈判技巧，有时要经过几轮的周旋双方才能达成彼此满意的协议。因此，谈判人员要想在谈判中达到己方的目的，实现己方的利益，就必须在谈判之前做好充足的准备工作，对谈判的相关问题进行深入全面的调查和分析，为正式谈判阶段提供可靠有利的资料和要素。

值得注意的是，谈判人员搜集对方信息时要注意把握好时间。一般情况下，在谈判之前收集信息会比较轻松；而谈判开始后，对方的防备心理比较重。此时信息收集起来就相对困难些，但是却更加直观和有效。

谈判人员还要注意把握好收集信息的场合及形式。收集对方的信息不一定都在正式的谈判场合，有心的谈判人员会从一些特殊的场合或者别人无意的谈话中发现有效的信息。比如，私人宴会或其他聚会也是了解对方、收集信息的途径，而且在这种场合下，对方一般不会有太大的防范心理，容易把自己的长处和短处都表现出来。

其实，在谈判中，对方的言谈举止也能透露出一些重要的信息，比如谈判对手的双手紧绞在一起，说明他此时心情紧张，不好决断；腰板挺直，腹部突出，说明他自信；摊开双手，表示真诚，心情比较放松；而低胸垂背，则反映了对方疲倦、失望等情绪；握手既轻且短，表示对方冷淡，等等。

另外，信息的收集形式也不拘泥于单一、直接的形式，我们既可以从图书馆查阅资料，从公开发表的刊物、互联网、媒体上搜集，也可以通过一些非正式渠道收集，如聚会、对方的主要竞争者以及其他第三方，等等。不管是通过什么方式，谈判人员都应该提前收集好谈判对手的资料和信息，真正做到"知己知彼，百战不殆"。

投石问路，巧妙打探对方真实意图的技巧

谈判中要想在短时间内了解对方的底细，在瞬间接触时了解到谈判的主题，那么我们必须抓住要害来提问。发问是使自己"多听少说"的一种有效方法。"问"能引起他人注意的问题，促使谈判顺利进行；"问"能获取所需信息的问题，以此摸清对手底细；"问"能引起对方思考的问题，控制对方思考的方向；"问"能引导对方做出结论的问题，达到己方的目的。

迈克是一位卡车推销员。一次，他向一位客户推销载重量大的卡车。没想到他的竞争对手，专卖小马力卡车的塞姆刚好也在场，于是他受到了塞姆的反驳。塞姆告诉这位客户，他们从来就不卖载重量大的卡车，操作麻烦还浪费油。这样一说，客户显然有些犹豫了，但是迈克还是想说服客户。他首先想知道买方究竟否有意买大马力的载重车，于是，他采用了很巧妙的方法来探知对方的真实想法。

迈克："你们那里是冬季较长吧。如果车在丘陵地区行驶，车的机器和车身所承受的压力是不是比正常情况下要大一些？"

买方："是的。"

迈克："你冬天出车的次数比夏天要多些吧？"

对方："冬天比夏天多得多呢，我们夏天的生意不是太好。"

由此，迈克知道了对方的生产销售有季节性差异这一特点。

迈克："有时货物太多，又在冬天的丘陵地区行驶，汽车是否经常处于超负荷状态？"

买方："对，那是事实，经常会遇到这样的情况。"

迈克："那么，你觉得是什么因素决定买一辆车值不值呢？"

对方："当然要看它的使用寿命了。"

这时，迈克已经得知对方买车时肯定会比较留意车型和质量。于是，他紧追不舍地说："从长远来看，一辆车总是满负荷，另一辆车从不过载，你觉得哪一辆车寿命长些？"

对方："当然是从不超载的那辆车。但是我们的货物量很大，每次又不能少装啊。"

经过这一番询问和探究，迈克心中有数了。于是，他可以与推销小马力卡车的竞争对手好好较量一番了。最后的结果，自然是掌握了买方大量信息的迈克成功地与买家完成了合作。

在上述案例中，迈克并不是漫无目的地问对方问题，也不是突发奇想地问问题，而是有针对性地问。在这样不知不觉的提问过程中，他很巧妙地掌握了对方的重要信息，从而为谈判成功奠定了基础。

在谈判中，提问可以引导对方思路，更好地达到目的。但如何"问"是很有讲究的，重视和灵活运用发问的技巧，不仅可以引起双方的讨论，获取信息，而且还可以控制谈判的方向。到底哪些问题可以问，哪些问题不可以问，为了达到某一个目的应该怎样问，以及提问的时机、场合、环境等，有许多基本常识和技巧需要了解和掌握。

1. 做好准备

应该预先准备好问题，最好是一些对方不能够迅速想出适当答案的问题，以期收到意想不到的效果。同时，预先有所准备也可预防对方反问。

有经验的谈判人员往往是先提出一些看上去很一般，并且比较容易回答的问题，而这个问题恰恰是随后所要提出的比较重要的问题的前奏。这时，如果对方思想比较松懈，我们突然提出较为重要的问题，其结果往往会使对方措手不及，收到出其不意之效。

因为，对方很可能在回答无关紧要的问题时即已暴露其思想，这时再让对方回答重要问题，对方只好按照原来的思路来回答问题，或许这个答案正是我们所需要的。

2. 先听后问

在对方发言时，如果自己脑中闪现出疑问，千万不要中止倾听对方的谈话而急于提出问题，这时可先把问题记录下来，等待对方讲完后，有合适的时机再提出问题。

同时，在倾听对方发言时，可能会出现马上就想反问的念头，切记这时不可急于提出自己的看法，因为这样做不但影响倾听对方的下文，而且会暴露自己的意图，这样对方可能会马上调整其后边的讲话内容，从而使自己可能丢掉本应听取到的信息。

3. 避免刁难问题

要避免提出那些可能会阻碍对方让步的刁难问题，这些问题会明显影响谈判效果。事实上，这类问题往往只会给谈判的结局带来麻烦。提问时，不仅要考虑自己的退路，同时也要考虑对方的退路，要把握好时机和火候。

4. 等待时机，继续追问

如果对方的答案不够完善，甚至回避不答，这时不要强迫追问，而是要有耐心和毅力，等待时机到来时再继续追问，这样做以示对对方的尊重，同时再继续回答对方问题也是对方的义务和责任，因为时机成熟时，对方也不可推卸。

5. 提出已有答案的问题

在适当的时候，可以将一个已经发生，并且答案也是大家都知道的问题提出来，验证一下对方的诚实程度及其处理事物的态度。同时，这样做也可给对方一个暗示，即我们对整个交易的行情是了解的，有关对方的信息我们也是掌握很充分的。这样做可以帮助我们进行下一步的合作决策。

6. 适可而止

不要以法官的态度来询问对方，也不要问起问题来接连不断。

如果像法官一样询问谈判对方，会造成对方的敌对与防范的心理和情绪。因为双方谈判绝不等同于法庭上的审问，需要双方心平气和地提出和回答问题，另外，重复连续地发问往往会导致对方的厌倦、乏味而不愿回答，有时即使回答也是马马虎虎，甚至答非所问。

7. 耐心等待回答

当我们提出问题后，应闭口不言，专心致志地等待对方做出回答。如果这时对方也是沉默不语，则无形中给对方施加了一种压力。这时，我们应保持沉默，因为问题是由我们提出的，对方就必须以回答问题的方式打破沉默，或者说打破沉默的责任将由对方来承担。

8. 态度要诚恳

如果我们提出某一问题而对方不感兴趣，或是态度谨慎而不愿展开回答时，我们可以转换一个角度，并且用十分诚恳的态度来问对方，以此来激发对方回答的兴趣。这样做会使对方乐于回答，也有利于谈判者彼此感情上沟通，有利于谈判的顺利进行。

9. 问题要简短

在谈判过程中，提出的问题越短越好，而由问句引出的回答则是越长越好。因此，我们应尽量用简短的句式来向对方提问。因为当我们提问的话比对方回答的话还长时，我们就将处于被动的地位，这种提问是失败的。

提出问题是很有力量的谈判工具，因此在应用时必须审慎明确。问题决定讨论或辩论的方向，适当地发问常能指导谈判的结果。

适时沉默，在谈判中沉默也是一种技巧

在谈判中，沉默也是一种技巧。任何谈判都要注意实效，要在有限的时间内解决各自的问题，有些谈判者口若悬河、妙语连珠，总能在谈判的过程中以绝对优势压倒对方，但谈判结束后却发现并没有得到多少，交易结果令人失望，与谈判中气势如虹的表现不相匹配，可见在谈判中多说无益。相反，很多时候，恰到好处的沉默却收到"此时无声胜有声"的效果。

有位著名的谈判专家一次替他的邻居与保险公司交涉赔偿事宜。理赔员先发表了意见："先生，我知道你是谈判专家，一向都是针对巨额款项谈判，恐怕我无法承受你的要价，我们公司若是只出 100 美元的赔偿金，你觉得如何？"

专家表情严肃地沉默着。根据以往经验，不论对方提出的条件如何，都应表示出不满意，此时，沉默就派上用场。因为当时对方提出第一个条件后，总是暗示着可以提出第二个、第三个……

理赔员渐渐沉不住气了："抱歉，请勿介意我刚才的提议，再加一些，200 美元如何？"长时间的沉默过后，谈判专家开腔了："抱歉，无法接受。"

理赔员继续说："好吧，那么 300 美元如何？"

专家过了一会儿，才说道："300 美元？嗯……我们不接受。"

理赔员显得有点慌了，他说："好吧，400 美元。"

又是踌躇了好一阵子，谈判专家才缓缓说道："400 美元？嗯……还是太低了，我们无法接受。""就赔 500 美元吧！"

就这样，谈判专家只是重复着他良久的沉默，重复着他的痛苦表情，重复着说不厌的那句缓慢的话。最后，这件理赔案终于在 950 美元的条件下达成协议，而邻居原本只希望理赔 300 美元！

谈判是一项双向的交涉活动，各方都在认真地捕捉对方的反应，以准备随时调整自己原先的方案。此时，一方若干脆不表明自己的态度，只用良久的沉默和可以从多角度去理解的无声和有声的语言，就可以使对方摸不清自己的底细而做出有利于己方的承诺。上述谈判中专家正是利用这一点，使得理赔员不断地提高理赔金额。

在谈判中的关键问题或者是有争议的问题上，谈判双方都会急于要求对方表态，这时，你完全可以反其道而行之，一言不发或者避而不谈，借以扰乱对方的心理，迫使对方说出自己的真实意图，然后迅速出击，达到改变对方谈判态度的目的，这就是沉默策略。

美国科学家爱迪生发明了发报机之后，因为不熟悉行情，不知道能卖多少钱，便与妻子商量，他妻子说："卖两万。""两万？太多了吧？""我看肯定值两万，要不，你卖时先套套口气，让他先说。"在与一位美国经纪商进行关于发报机技术买卖的谈判中，这位商人问到货价，爱迪生总认为两万太高，不好意思说出口，于是沉默不答。商人耐不住了，说："那我说个价格吧，10 万元，怎么样？"这真是出乎爱迪生的意料之外，爱迪生当场拍板成交。这里爱迪生不自觉地应用沉默取得了奇妙的谈判效果。

沉默是一种无声的语言。在谈判中，当不熟悉对方底细时，可以恰当地使用沉默，向对方展开心理攻势，造成一种心理上的压力。同时又可以给己方创造回旋余地，给己方审时度势创造机会，从而达到克敌制胜、游刃有余的目的。

日本与美国家电公司是合作伙伴，正进行一场贸易交易。谈判刚开始，美方代表即滔滔不绝地向日方介绍情况、细节及条件，反观日方却一言不发，认真倾听，埋头记录。当美方代表报告完毕，征询日方意见时，得到的回复却是"听不明白，要认真回去研究一下"。

第二次谈判时，日方却已换上新的谈判代表，美方得重新说一遍。日方坚持埋头苦干，始终未发一语。第三次如是，只承诺有决定即通知美方。半年过去，美方仍收不到日方的回音，开始烦躁不安。这时回方却由董事长亲率代表团远赴美国谈判，在对方毫无准备的情况下抛出最后方案，催迫美方商谈细节，终以最快速度达成有利于日方的协议。

日方的取胜之道在于"装聋作哑"，不露底牌，令对方未能做出合适反击，加上拖延时间，更令对方急躁无比，在美方感到无望之际，突然反攻，便赢得一场漂亮的仗。

事实上，谈判并不是侃侃而谈就能够取胜的，有些时候沉默是最有效的反击。任凭对方夸夸其谈，我们就保持沉默不语，最多两次，第三次对方就会泄气，那时候我们再主动出击、反客为主，这种方式相当有效。

美国一个经营印刷业的老板，在经营管理多年之后萌发了退休的念头。他原来购进的印刷设备，折旧后约值 300 万美元。这表明他出售这批机器的底价是 300 万美元。有一个买主在谈判时，针对这套设备滔滔不绝地讲了很多缺点和不足，这使印刷业的老板极其恼火。但就在他刚要发作的时候，突然想起了自己的底价，于是沉住气，一言不发，继续听那人滔滔不绝地讲个不停。最后，那个买家好像也没说话的力气了，突然冒出来了一句："老兄，依我看，你这套设备最多值 380 万美元，再多的话我可就不要了。"于是，协议达成，这个老板十分幸运地比计划多赚了 80 万美元。

在谈判中，我们有时会遇到强劲的攻击型的对手，他们咄咄逼人、气势汹汹。对这种人，采用"沉默"的方法往往能收到很好的效果。当然，如果用沉默来对付攻击型的对手，也要注意礼貌问题。如果对方在兴致勃勃地讲述时你却表现得极不耐烦，那都是不礼貌的。

有问必有答，巧妙应答对方的提问

谈判，就其基本构成来说，是由一系列的问和答所构成的，有问必有答，问有问的艺术，答也要有答的技巧。如果答得不好，一不小心就会被人抓住把柄，使自己陷入被动。

1843年，林肯与卡特莱特共同竞选伊利诺伊州议员，两人因此成了冤家。一次，他们一同到当地教堂做礼拜。卡特莱特是一名牧师，他一上台就利用布道的机会拐弯抹角地把林肯挖苦一番，到最后他说："女士们，先生们，凡愿意去天堂的人，请你们站起来吧！"全场的人都站起来了，只有林肯仍然坐在最后一排，对他的话不予理睬。

过了一会儿，卡特莱特又问大家说："凡不愿去地狱的人，请你们站起来。"全场的人又都站了起来，林肯还是依旧坐着不动。卡特莱特认为奚落林肯的机会来了，就大声说道："林肯先生，那么你打算去哪儿呢？"林肯不慌不忙地说："卡特莱特先生，我本来不准备发言的，但现在你一定要我回答，那么，我只能告诉你了：我打算去国会。"全场的人都笑了。

本来卡特莱特想使林肯进退两难，因为林肯如果站起来，就意味着林肯被他调动了，如果他不站起来，就意味着林肯将去地狱。不料，林肯没有上他的圈套，以"我打算去国会"的回答否定天堂与地狱的前提，一方面解除了自己的困境，另一方面也向大家表明了自己的志向。他的回答既表现了自己的智慧，又反诘了卡特莱特，在这场斗智的问答中获得了主动与成功。

谈判中，双方为争得各自一方更多的利益和谈判的主动权，常常提出一些尖锐、复杂和一时难以解答的棘手问题，以此来使对手处于尴尬窘困的境地，或是直接探测到对手的底牌。如果你想在谈判中灵活地答复对手的问题，又不损害自身的利益，除了深思熟虑以外，还得掌握必要的技巧。

在谈判过程中，谈判者应遵循以下几点原则：

（1）先思考。在谈判过程中，提问者提出问题，请求对方给予回答，自然会给回答者带来一定的压力。在回答问题之前，要给自己一些思考的时间。谈判中对回答的好坏，并不是看你回答的速度，特别是面对一些涉及重要既得利益的问题，必须三思而答。此时可以借点烟、喝水、调整一下自己坐的姿势、整理一下桌子上的资料、翻一翻笔记本等动作来延长时间，做出经过思考的回答。

（2）回答不应太随便。谈判者在谈判桌上的提问动机复杂、目的多样，谈判者往往没有了解问话动机，按常规回答，结果反受其害。而一个高明的回答，都是建立在准确判断对方用意的基础之上，并独辟蹊径，富有新意的。

（3）不该回答的绝不回答。在谈判中，回答问题越明确、全面就越显得愚笨。回答关键在于什么该说什么不该说。如果什么问题都全盘托出，就难免暴露自己的底细了，以至于给自己带来被动。

（4）以问代答。这是应付谈判中那些一时难以回答或不想回答的问题的方式，就好像把别人踢来的球再踢回去，让对方在反思中自己寻找答案。这种回答对应付一些不便回答的问题是非常有效的。例如，一位音乐家临处死刑的前一天还在拉小提琴，狱卒问："明天你就要死了，今天你还拉它干什么？"音乐家回答说："明天我就要死了，今天我不拉，还等什么时候拉？"以问代答，发人深思。

（5）道听途说回答法。有些谈判者面对毫无准备的提问往往不知所措，或者即使能够回答，但鉴于某些原因而不便回答的时候，通常就可采用诸如"对于这个问题，我虽没有调查过，但我曾经听说过……"或"贵方的问题提得很好，我不记得曾经在哪一份资料上看到过有关这一问题的记载，就记忆所及，大概是……"类似这些找借口推卸责任的回答法。这些回答中，即使答案是胡说八道带有故意欺骗的性质，回答者也可以不负责任，因为答案不但没加肯定，而且是道听途说的。这种回答法对于那些为了满足虚荣心的提问者以及自己不明确提问的目的和目标的提问者，往往能收到较好效果。

（6）安慰回答方法。当问题属于公认的复杂性问题或短时间内无法回答清楚的问题，或技术性很强、非专家讨论无法明了的问题时，有些回答往往采用安慰式。即首先肯定和赞扬提问者提问的重要性、正确性和适时性，然后话锋一转，合情合理地强调提问所涉及的问题的复杂性以及马上回答的困难程度，还可以答应以后找个专门的时间对提问进行专门的讨论等，以此换取包括提问者在内的在座者的理解与同情。

（7）不要确切回答。回答问题要给自己留有一定的余地。在回答时不要过早地暴露你的实力。通常可用先说明一件类似的情况，再拉回正题，或者利用反问把重点转移。例如："是的，我猜想你会这样问，我可以给你满意的答复。不过，在我回答之前，请先允许我问一个问题。"若是对方还不满意，可以这样回答："也许你的想法很对，不过，你的理由是什么？""那么，你希望我怎么解释呢？"等等。

谈判中别钻牛角尖，
巧妙转移话题打破谈判僵局

所谓谈判僵局是指在谈判过程中，当双方对所谈问题的利益要求差距较大，各方又都不肯做出让步，导致双方因暂时不可调和的矛盾而形成的对峙，而使谈判呈现出一种不进不退的僵持局面。

在谈判中，双方观点、立场的交锋是持续不断的，当利益冲突变得不可调和时，僵局便会出现。这时，谁能打破僵局，创造性地提出可供选择的方案——当然，这种替代方案一定既要能有效地维护自身的利益，又要能兼顾对方的利益要求——谁就掌握了谈判的主动权。

北方某玻璃厂与美国一家玻璃公司谈判引进设备事宜。在全套引进还是部分引进这个议题上僵住了，双方代表各执一词，相持不下。北方某玻璃厂首席代表为谈判达成预定的目标，决定打破这个僵局。他略经思索后，笑了笑，换了一种轻松的语气，避开争执点，转而说："你们公司的技术、设备和工程师都是世界一流的。你们投进设备，我们提供材料和工人，双方技术合作。这不但对我们有利，而且对你们也有利！"

美国玻璃公司的首席代表是位高级工程师，他听到这番话自然很感兴趣。气氛顿时变得活跃起来了，但这只是北方某玻璃厂首席代表欲达成目的第一步，更重要的还在后头。于是，他乘势话锋一转，接着说："我们厂的外汇的确很有限，不能买太多的设备，所以国内能生产的就不打算进口了。你们也知道，法国、日本和比利时目前都与我们有技术合作，如果你们不尽快和我们达成协议，不投入最先进的设备、技术，那么你们就要失掉中国的广大市场，人家也会笑话你们公司失去了良好商机。"

僵局立刻得到了缓解，最后双方终于达成协议。北方玻璃厂省下了一大笔钱，而那家美国玻璃公司也因帮助该厂成了同行业中产值最高、耗能最低的企业而声名大噪，赢得了很高的声誉。

当谈判双方所提条件差距较大，且都不愿意做出妥协和退让时，冲突甚至僵局就会出现。此时，转移话题不失为一种有效的办法。上例中北方某玻璃厂首席代表利用转移话题的方法，避开了"全套引进还是部分引进"这个的焦点问题，将讨论转移到了"合作共赢"的问题上来，结果促进了谈判的成功。

所谓转移话题，就是坚持谈判目标，然而在方式上通过变换话题、缓和谈判的气氛，使双方在崭新和优良的谈判氛围里重新讨论有争议的问题，促成双方达成协议。

1942 年 5 月，英美两国同意在年内开辟欧洲第二战场，以缓解苏联战场上的压力。但是不久，英国首相丘吉尔看到苏联战场节节胜利，又开始后悔自己做出的决定。于是就和美国总统罗斯福商量，暂时不要在欧洲登陆，而是开辟非洲战场。即"火炬计划"。但是令丘吉尔头疼的是，该如何对苏联领导人斯大林说这一决定。为了表示诚意，丘吉尔亲自到莫斯科与斯大林会谈。

会谈在晚上举行，丘吉尔做好了充分的心理准备，准备看斯大林的脸色。尽管丘吉尔列举了一大堆理由，向斯大林说明不能按期开辟第二战场的原因，斯大林还是始终拉长着脸，并严厉地质问说："那么，你们是不能用大量的兵力来开辟第二战场，甚至也不愿意用六个师登陆了？""的确如此，斯大林阁下。"丘吉尔诚恳地说："事实上，我们有足够的兵力登陆，但是我觉得现在在欧洲开辟第二战场还不是时候，因为这有可能破坏我们明年的整个作战计划。战争是残酷的，不是儿戏，我们不能轻易做出某一决策。"

斯大林的脸色更加难看了，厉声说："对不起，阁下，您的战争观与我的不同，在我看来战争就是冒险，没有这种冒险的精神，何谈胜利？我真是不明白，你们为什么那么害怕德军呢？"丘吉尔反驳说。"我们并不是害怕德军。您也知道，希特勒在 1940 年正值他的全盛时期，而当时我们英国只有 2 万经过训练的军队，200 门大炮、50 辆坦克。面对这样弱小的我们，希特勒并没有来攻打我们，原因很简单，跨越英吉利海峡并非易事啊。""丘吉尔先生，我要提醒您一个关键的因素，希特勒在英国登陆，势必会遭到英国人民的抵抗。但是，如果英军在法国登陆，必将受到法国人民的欢迎，人心相背也是决定战争胜败的关键。"

至此，谈判陷入了僵局，两国元首谁也说服不了谁。会议室内的气氛紧张起来。斯大林最后说："虽然我不能说服您改变您的决定，但是我还是坚持认为您的观念我不能认同。"丘吉尔看到斯大林的态度如此坚决，为了打破令人窒息的气氛，只好转移话题，谈谈对德国轰炸的问题。经过这番谈话后，紧张的气氛有所缓和。斯大林脸上也出现了一丝笑意。

丘吉尔认为现在是说出英美两国商定的"火炬计划"的时候，于是说："现在我们回过头来谈谈1942年在法国登陆的事情吧，我是专门为了这一问题而来的。事实上，我认为法国并非唯一的选择，我们和美国人制订了另外一个计划。美国总统罗斯福先生授权我把这个计划秘密地告诉您。"斯大林看丘吉尔一副神秘的表情，不禁对这个"火炬计划"产生了兴趣。丘吉尔简单地介绍了"火炬计划"的内容，斯大林还谈了他对这个计划的理解和意见，丘吉尔表示赞同。此时。虽然斯大林对英美推迟在法国登陆的事情不说，但是气氛已经明显缓和。丘吉尔又继续说："我们还打算把英美联合空军调到苏联南翼，以支援苏军。"斯大林表示感谢，至此会谈已是云开雾散。但是对于丘吉尔来说，此时，还不是见彩虹的时候。

第二天晚上，第二轮会谈就开始了。斯大林先是拿出来此前美英苏三国签订的备忘录，据此谴责美英没有履约如期在1942年开辟的第二战场，接着又责备美英没有按承诺送给苏军必需的军用物资等。斯大林虽然表情严肃但是毫无怒容。他反复强调自己的观点，认为美英军队不必害怕德军。

斯大林讲到这里，丘吉尔再也不能忍受了，他激动地说："我们千里迢迢来到这里是为了建立良好的合作关系。我们已经竭尽全力帮助你们，曾孤立无援地坚持了一年的战斗，遭受了巨大的损失。但是，我们三国已经建立联盟，我相信只要齐心协力，就一定能够取得胜利。"斯大林看到丘吉尔因为激动，以至于满脸通红，为缓解气氛，他开玩笑说："我很喜欢听丘吉尔首相发言的声调，真是太妙了。"因而博得会场一笑，也缓解了气氛。

次日晚上，丘吉尔出席了在克里姆林宫举办的正式宴会，宴会气氛友好而热烈。丘吉尔见斯大林心情不错说："尊敬的阁下，您已经原谅我了吗？"斯大林哈哈一笑说："这一切都已经过去，过去的事情应归于上帝。"

在上面这个事例中，丘吉尔借其高超的谈判技巧，抓住适当的时机，做出一些让步，终于取得了斯大林的谅解。丘吉尔的高明之处就是当谈判陷入了僵局时，马上转变话题以缓解气氛，当气氛松弛时再继续谈，这样就不至于使双方陷入尴尬的境地。

在谈判中，当对方同执己见，并且双方观点相差甚大，特别是对方连续提出反对意见、态度十分强硬等不良情况出现时，常常需要采用转移话题法，即为转移对方对某一问题的注意力或控制对方的某种不良情绪，而有意将谈话的议题转向其他方面的方法。

转移话题的目的是为了更好地切入正题，特别是由于双方的意见、条件相差较大，且又都不愿意做出妥协和让步时，避免出现僵局。在僵持状态下，如果通过巧妙地变换话题，把争议的问题放置在一边，改变和缓和交谈的气氛，使对方在新的和融洽的谈话气氛里重新讨论有争议的问题，这是一种以积极的态度扭转交谈局面的方法。实际的谈判结果也证明，有时只有更好地转移话题，才能更好地实现谈判目标，尤其是在你不能完全信任对方的情况下。

总之，谈判中，最忌钻牛角尖，以致进退两难，不能自拔。出现这种情况多半因对方受偏见影响所致。遇到这种谈判对手，谈判者应当机立断，转移话题，改变对方先入为主的偏见，使其解除心理自卫反应，促进谈判的成功。

谈判的本质是交换，不要轻易做出让步

让步是指在谈判中双方或多方就某一个利益问题争执不下时，为了促成谈判成功，一方或多方主动的放弃部分利益。

谈判是双方不断地让步最终达到价值交换的一个过程。谈判的本质是交换，谈判者不仅仅是要得到自己想要的，还需要让出另一方想得到的。因此谈判时，经常发生让步。成功的让步策略可以起到以局部小利益的牺牲来换取整体利益的作用，甚至在有些时候可以达到"四两拨千斤"的效果。但草率让步和寸土不让都是不可取的。

下面是买卖双方的一段谈话：

"您这种机器要价 750 元一台，我们刚才看到同样的机器标价为 680 元，您对此有什么话说吗？"

"如果您诚心想买的话，680 元可以成交。"

"如果我是批量购买，总共购买 35 台，也是这个价吗？"

"不会的，我们每台给予 60 元的折扣。"

"我们现在资金较紧张，不能先购买 20 台，三个月后再购 15 台？"

卖主犹豫了一会儿，因为只购买 20 台，折扣是不会这么高的，但他想到最近几个星期不太理想的销售状况，最终还是答应了。

"那么您的意思是以 620 元的价格卖给我们 20 台机器。"买主总结性地说。

卖主点了点头。

"干吗要 620 元呢？凑个整数，600 元一台，计算起来也省事，干脆利落，我们马上成交。"

卖主想反驳，但"成交"二字对他颇有吸引力，他还是答应了。

谈判是妥协的艺术，没有让步就不会成功。但不断重复着毫无原则的让步，不清楚让步的真实目的，最终的结果往往是将自己逼入绝境。上例中的卖主就是一个例子。所以，让步不是没有原则和规则的，需要灵活掌握其中的章法与技巧，不然可能会被对方击穿谈判前设定的标准和底线。

一次成功的谈判要经历从准备、开始、展开、评估调整，到最后达成协议这么多过程，如果这时候一方突然有大的单方面的让步，比如付款周期方面的大让步，另一方肯定觉得你是在兜圈子，认为你还可以让步，他就会逼迫你再让步，这不利于达成最后协议，甚至会拖延时间，导致谈判破裂等。为减少不必要的麻烦，千万记住不要做大的单方面的让步。

有一家日本某知名超市在上海开业，供应商蜂拥而至。李某代表弱势品牌的食品厂家与对方进行进店洽谈。谈判异常艰苦，对方要求十分苛刻，尤其是60天回款账期实在让厂家难以接受，谈判进入了僵局并且随时都有破裂的可能。一天，对方的采购经理打电话给李某，希望厂家在还没有签订合同的情况下，先提供一套现场制作的设备，能够吸引更多的消费者。

李某知道刚好有一套设备闲置在库房里，但却没有当即答应，他回复说："张经理，我会回公司尽力协调这件事，在最短的时间给您答复，但您能不能给我一个正常的货账账期呢？"最后，他赢得了一个平等的合同，超市因为现做现卖吸引了更多的客流，一次双赢的谈判就这么形成了，这其中当然不能忽视让步的技巧所起到的作用。

从某种意义上讲，谈判中的让步是相对的，也是有条件或有限度的。试想，谁又会愿意做出无条件、无限制的让步呢？让步的背后必然是有着明确的目的性，必定是为了争取自身的利益才做出的让步。所以，永远不要做无条件的让步。否则，你会白白地丧失很多东西。你在让步的同时，必须也让对方做出一定的妥协。

某大型收购公司计划在三年内收购五家技术公司。在精心策划后，他们锁定的第一个收购目标是A技术公司。

在经过多轮的磋商后，双方在分歧最大的价格方面也达成共识。这一价格对于收购公司来说是很划算的。双方约定第二天签约。

第二天，双方代表见面，A公司在价格上突然反悔，提出加价15％。双方谈判陷入僵局。

收购公司通过调查，发现A公司近期与自己的竞争对手有来往的迹象。进一步调查显示，A公司虽与对方有接触，但还未进入实质性谈判。

收购A公司是收购公司收购战略的重要一步棋，是势在必得，又不能出价太高。为了长远战略，收购公司又主动与A公司接触。在肯定了A公司在行业的影响力之后，适时分析了A公司面临的困难，并顺带介绍了该行业收购的形势及相关公司的收购业务，最后提出最高收购价在原有共识价格基础上加价5％。但A公司不领情，坚持加价15％。

收购公司决定冷处理，暗中密切关注A公司与竞争对手的进展。一段时间后，收购公司发现A公司与竞争对手的接触日渐稀少，在多种场合透出重与收购公司谈判的意向。收购公司适时出击，最终双方以共识价基础上加价5％达成一致。为了这个5％，收购公司提出了附加条件：要求A公司对外公布的成交价是双方第一次达成的共识价；收购公司可用这一价格进行宣传。A公司觉得这些附加条件于己无损，便签字同意，并承诺严守秘密。

收购公司借这次收购之威，在两年半的时间里，成功收购计划中的另外四家公司。所付收购资金相比预算节约15％。

这次谈判，收购公司面对竞争和对手的反复提价，巧妙地运用冷处理和做有条件的适当让步，虽然在价格上略有损失，但在附加条件中获得的利益远比让步失去的利益要大，是谈判中运用让步比较成功的例子。

综上所述，我们会发现一个关于谈判的悖论："让步，将导致对手的步步紧逼；不做让步可能导致对手因得不到利益的满足而终止谈判。"那么如何处理这个问题呢？我们要记住一个让步原则：永远不要做无条件的让步。也就是说做必要的让步是可以的，但必须是有条件的；在让步的同时，附加条件得到的利益一定能够弥补因让步所造成的损失。

总之，在谈判中，为了达成协议，让步是必要的。但是，让步不是轻率的行动，必须慎重处理。

有效说服对手认可自己观点促成谈判成功

谈判中重要的工作就是说服，常常贯穿于谈判的始终。那么，如何在谈判中说服对方接受自己的观点，以及应当怎样说照对方，从而促成谈判的和局，就成了谈判成功的一个关键。

当某公司第一次制造电灯泡时，公司的董事长召集各地的代理商开会，在向他们介绍完这项新产品之后，他说了一段举座皆惊的大实话："经过多年来的苦心研究和创造，本公司终于完成了这项对人类有大用途的产品。虽然他还称不上一流的产品。但是，我仍然要拜托在座的各位，以一流产品的价格，来向本公司购买。"

一石惊起千层浪，在场的代理商都不禁哗然："咦！董事长怎么会说出这样的话？我们又不是傻瓜，怎么会以一流产品的价格去购买二流产品？董事长糊涂了吧……"大家均对董事长抱以满是疑惑的目光。

"各位，我知道你们一定会觉得很奇怪，不过，我仍然要再三拜托各位。"

"那么，请你陈述你的理由吧！"

"大家都知道，目前制造电灯泡可以称为一流的，全国只有一家而已。因此，他们算是垄断了整个市场，即使他们任意抬高价格，大家也仍然要去购买，是不是？如果，这时有了同样优良的产品，但价格便宜一些的话，对大家不是一项福音吗？否则大家只能置于垄断价格的阴影之下。"

董事长继续说道，而且打了一个生动的比方："就拿拳击赛来说吧，毫无疑问，拳王的实力谁也不能忽视！但是，如果没有人和他对擂的话，拳击赛就无法开赛了。因此，必须有一个实力相当、身手矫健的对手来和拳王打擂，这样的拳击才精彩。不是吗？"

董事长顿了顿，留给大家一小段思考的时间，又接着说："现在，灯泡制造业就好比只有拳王一个人。因此，你们对灯泡业是不会发生任何兴趣的，同时，也赚不了多少钱。如果，这个时候出现一位对手的话，就有了互相竞争的机会。换句话说，把优良的产品以低廉的价格提供给各位，大家一定能得到更多的利润。"

"董事长，你说得不错。可是，目前并没有另外一位拳王呀？"

"我想，另一位拳王就由我们公司来充当好了。为什么目前本公司只能制造第二流的电灯泡呢？这是因为本公司资金不足，无法在技术上突破。如果各位肯帮忙，以一流产品的价格来购买本公司二流的产品，这样我就会得到较丰厚的利润。把这笔资金用于改良技术上，我相信不久的将来，本公司一定可以制造出一流的产品了。这样一来，灯泡制造业就等于出现了两个拳王，在彼此大力竞争之下，品质必然会提高，毫无疑问，价格也会降低。到了那个时候，对大家均有利。此刻，我只希望你们能帮助我扮演好拳王的对手这个角色。但愿你们能不断地支持、帮助本公司渡过难关。因此，我希望各位能以一流产品的价格，来购买这些二流产品！"

一阵热烈的掌声响起来了，经久不息，董事长的说服产生了极大的回响。谈判在愉快而感人的气氛中结束，董事长获得大家的支持。果然，公司不负众望，一年后，这家公司所制造的电灯泡终于以第一流的品质出现，那些代理商也得到了很令他们满意的报酬。

上例中的董事长抓住了经销商的利益要害，晓之以理，动之以据，很有说服力。

在谈判中，说服即设法使他人改变初衷，心悦诚服地接受你的意见，这是一项非常重要的技巧，同时它也是一项较难掌握的技巧，其技巧性很强，往往是多种方法、多种策略的综合应用。

1.投其所好，以心换心

站在他人的立场上分析问题，能给他人一种为他着想的感觉，这种投其所好的技巧常常具有极强的说服力。要做到这一点，"知己知彼"十分重要，唯先知彼，而后方能从对方立场上考虑问题。

某精密机械工厂生产某项新产品，将其部分部件委托小厂制造，当该小厂将零件的半成品呈示总厂时，不料全不合该厂的要求。由于工期迫在眉睫，总厂负责人只得令其尽快重新制造，但小厂负责人认为他是完全按总厂的规格制造的，不想再重新制造，双方僵持了许久。总厂厂长见了这种局面，在问明原委后，便对小厂负责人说："我想这件事完全是由于公司方面设计不周所致，而且还令你吃了亏，实在抱歉。今天幸好是由于你们帮忙，才让我们发现竟然有这样的缺点。只是事到如今，事情总是要完成的，你们不妨将它制造得更完美一点，这样对你我双方都是有好处的。"那位小厂负责人听完后欣然应允。

2. 以退为进

劝说别人特别是那些抱有成见的人，最好的办法就是退一步。在当前劝说受阻的情况下，先暂时退让一下很有好处。退让态度可以显示出你对对方的尊重，从而赢得对方的好感，使其在心理上得到满足，这样再亮出你的观点来说服他们就容易多了。

以退为进的说服方法在经济谈判中运用得较多，双方谈判如同兵战，能否灵活、娴熟地运用"以退为进"的战术，直接关系到谈判的成败。

美国一家大航空公司要在纽约城建座航空站，想要求爱迪生电力公司能以低价优惠供应电力，但遭到婉言拒绝。该公司推托说这是公共服务委员会不批准，他们爱莫能助。因此，谈判陷入僵局。航空公司知道爱迪生电力公司自以为客户多，电力供不应求，对接纳航空公司这一新客户兴趣不浓，其实公共服务委员会并不完全左右电力公司的业务往来，说公共服务委员会不同意低价优惠供应航空公司电力，那只是托词。

航空公司意识到，再谈下去也不会有什么结果，于是索性不说了。同时放出风来，声称自己建发电厂更划得来。电力公司听到这则消息后立刻改变了态度，并主动请求公共服务委员会出面，从中说情，表示愿意给予这个新客户优惠价格。结果，不仅航空公司以优惠价格与电力公司达成协议，而且从此以后，大量用电的新客户，都享受到相同的优惠价格。

在这次谈判中，起初航空公司在谈判毫无结果的情况下耍了一个花招，声称自己建厂，这就是"退"一步，并放出假信息，给电力公司施加压力，迫使电力公司改变态度低价供电。这样航空公司先退一步，再进两步，赢得谈判的胜利。

第十一章

智慧表达，让交往气氛充满轻松和谐

巧妙打圆场，帮他人夺回面子

　　所谓智慧表达，就是要我们在他人说话陷入僵局或困境时主动地提供帮助，让其在众人面前顺利说话，摆脱尴尬的境地。"打圆场"运用得好，可以融洽气氛、联络感情、消除误会、缓和矛盾、平息争端，还有利于打破僵局，解决问题。因此，"打圆场"是人们交际中常用的一种方法。

　　有这样一个故事：

　　有一个理发师傅带了个徒弟。徒弟学艺三个月后，这天正式上岗。他给第一位顾客理完发，顾客照照镜子说："头发还是太长。"徒弟不语。师傅在一旁笑着解释："头发长使您显得含蓄，这叫藏而不露，很符合您的身份。"顾客听罢，高兴而去。

　　徒弟给第二位顾客理完发，顾客照照镜子说："头发留得太短。"徒弟不语。师傅笑着解释："头发短使您显得精神、朴实、厚道，让人感到亲切。"顾客听了，欣喜而去。

　　徒弟给第三位顾客理完发，顾客边交钱边嘟囔："剪个头花这么长的时间。"徒弟无语。师傅马上笑着解释："为'首脑'多花点时间很有必要。您没听说：进门苍头秀士，出门白面书生！"顾客听罢，大笑而去。

　　徒弟给第四位顾客理完发，顾客边付款边埋怨："用的时间太短了，20分钟就完事了。"徒弟心中慌张，不知所措。师傅马上笑着抢答："如今时间就是金钱，'顶上功夫'速战速决，为您赢得了时间，您何乐而不为？"顾客听了，欢笑告辞。

　　故事中的这位师傅真是能说会道，他机智灵活，巧妙地"打圆场"，每次得体的解说都使徒弟摆脱了尴尬，让顾客转怨为喜，高兴而去。他成功地"打圆场"的经验，给了我们诸多启示。

"打圆场"，是一门说话的艺术，也能展示一个人的智慧。只有应变能力强、处事灵活的人，才能成功地化干戈为玉帛。

1. 帮助圆场

圆场，就是在谈话双方争吵十分激烈时，由中间人将争论双方的观点表达出来，从而使双方心甘情愿地接受彼此的观点，以达到解围的目的。

清末的陈树屏口才极佳，善于调解纷争。他在江夏当知县时，张之洞在湖北担任督抚，谭继洵担任抚军。张、谭两人素来不和。

一天，陈树屏宴请张之洞、谭继洵等人。聊天过程中，当谈到长江江面宽窄时，谭继洵说江面宽是五里三分，张之洞却说江面宽是七里三分。双方争得面红耳赤，本来轻松的聊天也一下子变得尴尬起来。

陈树屏见状，知道两位上司都在借题发挥，故意争吵。为了缓和气氛，又不能得罪两位上司，他说："其实两位说得都对。江面在水涨时宽到七里三分，而落潮时便是五里三分。张督抚是指涨潮而言，而谭抚军是指落潮而言的。"

陈树屏巧妙地将江宽分解为两种情况，一宽一窄，让张、谭两人的观点都在各自情况下显得正确。他们二人听了如此高明的圆场话，也不好意思再争论下去了。

2. 给别人找台阶下

有时候对方陷入谈话困境后，并不是想硬撑下去，而是苦于没有可下的台阶。如果我们能及时巧妙地给对方一个可撤的话题，让对方顺着这个话题撤出去，对方就会顺势而走的。

慈禧是个京戏迷，每次看完京戏后常赏赐艺人一点东西。一次，著名演员杨小楼唱完戏后，慈禧很满意，便将桌子上的糕点赏赐给他。

杨小楼叩头谢恩，但他不想要糕点，便壮着胆子说："叩谢老佛爷，这些宫廷美食，奴才无福消受，能否另外恩赐点……"

"要什么？"慈禧心情高兴，并未发怒。

杨小楼又叩头说："老佛爷可否赐幅墨宝给奴才？"

慈禧听了，一时高兴，便让太监捧来笔墨纸砚。慈禧举笔一挥，写了一个"福"字。

站在一旁的小王爷，看了慈禧写的字，悄悄地说："福字是'示'字旁，不是'衣'字旁的呀！"

字写错了，这让杨小楼左右为难。若拿回去被人看到，会说他有欺君之罪。若不拿回去，慈禧一怒之下就会要自己的命。要也不是，不要也不是，他一时急得直冒冷汗。

气氛一下子紧张起来，慈禧也觉得挺不好意思，既不想让杨小楼拿去错字，又不好意思再要过来。

这时，旁边的李莲英赶紧上说道："老佛爷之福，比世上任何人都要多出一'点'呀！"

杨小楼一听，也随声附和道："老佛爷福多，这万人之上之福，奴才怎么敢领呢！"

慈禧正为下不了台而发愁，听他们这么一说，急忙顺水推舟，笑着说："好吧，隔天再赐给你吧！"就这样，李莲英为二人解脱了窘境。

就这样，简简单单一句话，成功化解了慈禧的"面子危机"。原本给别人题字，却把"福"字多写了一个点，在众目睽睽下是件挺下不了台的事。幸亏李莲英反应快，找了个说法把这个错误给"补圆"了。这样，既成功化解了慈禧的危机，也为自己赢得了一份"人情"。

自我解嘲，谈笑间打破窘局

幽默一直被人们称为只有聪明人才能驾驭的语言艺术，而自嘲又被称为是幽默的最高境界。它能制造宽松和谐的交谈气氛，能使自己活得轻松洒脱，使人感到你的可爱和人情味，从而改变对你的看法。适时适度地"自嘲"会收到妙趣横生、意味深长的效果。懂得自嘲的人往往会与他人相处得更融洽，更受人欢迎。

英国作家杰斯塔东是个胖子，他在被人嘲笑后自嘲道："虽然我比其他男人重三倍，但在公交车上让座时，我足以让三个女士坐下。"

自嘲看似是自我贬低，实际上却能拉近人和人的距离，获得尊重和认可。

自我解嘲是一门很深的学问，它是人们心理防卫的一种方式，是一种自我安慰和自我帮助，是对人生挫折和逆境的一种积极、乐观的态度，也是沟通的艺术。自我解嘲并非逆来顺受，而是一个人心境平和的表现。

当我们在人际沟通中遇到难关或冷场时，如果你能审时度势地用好自嘲，就可以为你解除尴尬，平添许多风采。

1. 巧贬自己

一个自我解嘲，巧贬自己，有时反而能表现出自己非凡的气度和超群的智慧。

有一天，苏轼从朝中归来摸着肚子问左右道："你们说，这里边有什么？"一个说："那是文章。"苏轼不以为然。另一个说："都是心机。"苏轼也感觉不得要领。最后一个对苏轼很了解，说："一肚子都是不合时宜。"苏轼捧腹大笑。

最后一个的回答，点到了苏轼自我解嘲的要害，使苏轼得到了一次超越自己忧愁的欣悦。

2. 暴露缺点

把自己的弱点暴露给别人，人们会觉得你亲切，这样双方很容易沟通。

胡适是很有名气的大学者，一次，他引用孔子、孟子和孙中山的话，在黑板上写："孔说""孟说""孙说"。最后，他发表自己的意见时，引得哄堂大笑。原来他写的是"胡说"。

胡适一个字便活跃了气氛，缩短了他和学生之间的距离，增加了亲切感。

3. 处理尴尬

一个人在处境困难或身临尴尬时用自嘲来对付，是一种十分妥善的办法。善于应付世事的人，常常在于己不利的场合运用自嘲的方式把原来不利于自己的情况变通一下，大事化小，小事化了，轻轻松松地渡过难关。

有一位小伙子爱上了一位姑娘，追求两年没有一点成效，有人在大庭广众之下取笑他没有本事，他答道："这两年她总说我是美男子。她配不上我，那就算了吧！谁让我太帅了呢？"一番话使众人都欣然地笑了，把难堪的局面化解了，小伙子的自尊心也通过自嘲受到了保护。

4. 大胆自讽，显示自信

有时你陷入难堪是由于自身的原因造成的，如外貌的缺陷、自身的缺点、言行的失误等，自信的人能较好地维护自尊，自卑的人往往会陷入难堪。对影响自身形象的种种不足之处大胆巧妙地加以自嘲，能出人意料地展示你的自信，在迅速摆脱窘境的同时显示你潇洒不羁的交际魅力。

有一位身材矮小的男老师走上讲台时，学生们有的面带嘲讽，有的交头接耳暗中取笑。如果这位教师这时用严肃的目光扫视一下，自然也能挽回面子，再历数矮个多奇人、多伟人，或许更能奏效。然而，他却说："上帝对我说：当今人们没有计划，在身高上盲目发展，这将有严重后果。我警告无效，你先去人间做个示范吧。"结果，学生们佩服他的诙谐，心悦诚服，也就不再取笑他身材的缺陷了。

临危不乱，言语在胸冷静应对麻烦事

生活中，我们难免会遇到一些无理取闹的事情。例如，在公共场合，有人提起一件你讳莫如深的往事，有恃无恐地看你出丑，或是公开你的隐私，或是阔谈你做过的傻事和闹出的笑话。遇到这些无理的行为，你不可为一句羞辱的话变得失去理智。你应遵循的一个原则就是控制情绪，保持冷静。只有这样，才能巧妙地应对。

1. 借其言，反其意

对无理的行为进行语言反击，是正义的语言与无理的语言的对抗。所以，反击的语言一定要与对方的语言表现出某种关联，在这种关联中充分表现出自己的机智与力量，使对方搬起石头砸自己的脚。

德国大诗人海涅是犹太人，他因此常常遭到一些无耻之徒的攻击。在一个晚会上，一个人对海涅说："我发现了一个小岛，这个小岛上竟然没有犹太人和驴子。"海涅白了他一眼，不动声色地说："看来，只要你和我一起去那个岛上，才会弥补这个缺陷。"

"驴子"在德国南方语言中，常常是"傻瓜、笨蛋"的代词。面对是犹太人的德国大诗人海涅，将犹太人与驴子并称，无疑是侮辱人。可海涅并没有对他大骂，甚至对这种说法也没有异议，相反，他把这种并称换上"你和我"，这样就一下子把"你"与"驴"相等了。

2. 避其锋芒

有时双方意见不合，不要一味地继续下去，否则将会发生争吵，可以将问题绕过去，暂时避其锋芒。在找对象问题上，一对母女意见不合，产生了矛盾。女儿不愿意也不能和母亲闹僵，只好等待时机再说。一天吃饭时，母亲又唠叨起来：

"你也 25 岁了，不小了，我像你这么大的时候，你姐姐都三岁了。人家王局长的儿子个高，长得又精神，还有现成的房子，为什么看不上呢？""妈，这个红烧茄子是不是隔壁李阿姨教的做法？怎么颜色不好看，你过来看呀！"

女儿有意回避话题，就是采取了"碰到红灯绕道走"的办法。

3. 以其人之道，还治其人之身

有一个常常愚弄他人而自得的人，名叫汤姆。一天早晨，他正在门口吃着面包，忽然看见杰克逊大爷骑着毛驴哼哼呀呀地走了过来。于是，他就喊道："喂，吃块面包吧！"大爷连忙从驴背上跳下来，说："谢谢您的好意，我已经吃过早饭了。"汤姆一本正经地说："我没问你呀，我问的是毛驴。"说完得意地一笑。

没想到以礼相待，却反遭了侮辱。杰克逊大爷先是愣了一下，然后他猛然地转过身子，照准毛驴的脸上"啪、啪"就是两巴掌，骂道："你这畜生，出门时我问你城里有没有朋友，你斩钉截铁地说没有。没有朋友为什么人家会请你吃面包呢？"接着，"啪、啪"，杰克逊大爷对准驴屁股又是两鞭子，说："看你以后还敢不敢说谎。"说完，翻身上驴，扬长而去。这就是"以其人之道，还治其人之身"的方法来应对无理之人的。既然你以你和驴说话的假设来侮辱我，我就姑且承认你的假设，以同样的办法，借教训毛驴来嘲弄你自己建立和毛驴的"朋友"关系，给你一顿教训。

4. 幽默解围

杜罗夫是俄罗斯一位著名的丑角。

一次演出的幕间休息的时候，一个很傲慢的观众走到他的身边，讥讽道："丑角先生，观众对你非常欢迎吧？"

"是的。"

"要想在马戏班里受到欢迎，丑角是不是就必须具有一张愚蠢而又丑怪的脸蛋呢？"

听到此话，很多人围了过来。

"确实如此。"杜罗夫明白了这位观众的恶意，立即回答说，"如果我能生一张像先生您那样的脸蛋的话，我准能拿到双薪。"

这位傲慢观众的脸蛋同杜罗夫能否拿双薪本无丝毫联系，但幽默的杜罗夫却巧妙地把它们牵扯在一起，轻松地为自己解了围。

在生活和工作中巧妙应对别人的刁难

在生活和工作中，或许你会遇到一些人肆无忌惮地向你提问出各种问题，但有些问题又确实不便直接回答。这时，我们的表达技巧和反应能力以及心理素质就成为成功回答问题的关键。如何在面临各种问题时把握分寸，滴水不漏，又让对方感到满意呢？

下面总结几个常用方法：

1.含糊其辞

在人际交往中，我们常常会遇到一些难以回答的敏感问题，使你处于难堪的窘境。此时，你若运用模糊的语言回答，不失为应对敏感话题的一种良策。

著名足球运动员迪戈·马拉多纳在与英格兰球队相遇时，踢进了一个颇有争议的"问题球"。当记者问马拉多纳，那个球是手球还是头球时，马拉多纳机敏地回答："手球有一半是迪戈的，头球有一半是马拉多纳的。"这个回答颇有心计，如果他直言不讳地承认是手球，那么对裁判的有效判决无疑是"恩将仇报"。但如拒不承认，又有失"世界最佳球员"的风度。而这妙不可言的"一半"与"一半"，等于既承认了球是手臂撞入的，颇有"明人不做暗事"的大将风度，又在规则上维护了裁判的权威。

2.避实就虚

为了保全自己的某种利益，你可以设法避开这类难于应付的问题。有时候为了照顾自己的面子，你也要学会避开别人的提问。

有一次，大名鼎鼎的作曲家布拉姆斯前去参加一个演奏会，这个演奏会是由一位年轻钢琴家贝伦哈特举办的，举办这个演奏会的原因是他为席勒的诗《钟之歌》谱了一首曲子。

布拉姆斯在演奏会上聚精会神地倾听，显出极为陶醉的模样，甚至不时地点点头。贝伦哈特误以为布拉姆斯喜欢他作的曲子，因此当演奏会结束后，他立即高兴地问布拉姆斯："阁下是不是很喜欢这首曲子？"布拉姆斯没有正面回答，而是笑着说："这首《钟之歌》，果然是不朽的诗。"

布拉姆斯巧妙地避开问题，并委婉有礼地表达了他真实的想法：他很欣赏《钟之歌》这首不朽的诗，但并不一定认为贝伦哈特的曲子水准高。

3. 用反问来回答问题

有时当别人问到自己不知道准确答案的问题时，可用幽默的语言反问他，并要求对方做出评判。当然，这个答案要明显错误，甚至有些荒唐，以达到幽默的目的，也摆脱了自己的困境。

中央电视台首次举办幼儿技能大赛，当时男主持人是著名相声演员冯巩。当女主持人问冯巩："你知道三个月的婴儿吃什么最好吗？"冯巩道："该不会是馒头吧？"这一句幽默的反问句，不仅使他顺利地度过了电视机前的尴尬，而且给观众留下了深刻印象。

4. 移花接木

在交际中，有时会碰到一些不便或不必回答的问题。但是，缄默是不允许的，使用"无可奉告"的外交辞令有些不礼貌。此时，不妨"偷换概念"，故意曲解对方所提问题的意愿去应变。这就叫"移花接木"。

萧伯纳是个关注社会的作家，他的作品中无时无刻不在抨击那些为富不仁的大亨、政客和贵族。因此，英国所谓的上层人士对他是又恨又怕。

一次，萧伯纳到伦敦市郊的一条林阴小道上散步，迎面碰上了一位大腹便便的富贾。富贾傲慢地说："我从来不给驴子让路。"萧伯纳微笑着说："我则恰恰相反。"说着，他彬彬有礼地让到路旁。

这里，富贾以"驴子"暗指萧伯纳，萧伯纳却故作不知，巧妙地借同一主题回敬了一句——给驴子让路，将"驴子"的"桂冠"又原封不动地还给富贾，令他哭笑不得。我们在钦佩萧伯纳的机智之余，肯定会报以会心的微笑。

5. 以谬治谬

谈话中对方若故设"陷阱"，可以牙还牙。会话对方故设"陷阱"，以谬论相刁难，其用意无非是企图造成一种进退两难的局面：答则显示无知，不答则表明无能。这种情况比较适宜用"以谬治谬"法应变。

在美国废奴运动中，废奴主义者菲利普斯到各地巡回演讲。一次，一个来自反废奴势力强大的肯塔基州的牧师问他："你要解放奴隶，是吗？"

菲利普斯："是的，我要解放奴隶。"

牧师："那么，你为什么只在北方宣传？为什么不去肯塔基州试试吗？"

"你是牧师，对吗？"菲利普斯反问道。

牧师："是的，我是牧师，先生。"

菲利普斯接着问："你正设法从地狱中拯救鬼魂，是吗？"

牧师："当然，那是我的责任。"

菲利普斯："那么，你为什么不到地狱去呢？"

牧师觉得一个声称要解放奴隶的人总在没有奴隶的地方叫喊，目的显得不纯。菲力普斯认为以牧师的身份不应有过多功利的猜疑，于是便对他进行了有力的反驳。他用"以谬制谬法"轻而易举地战胜了对方。

面临窘境，用幽默与其周旋摆脱尴尬处境

在人际交往中，我们往往会遇到令人发窘的问题和尴尬的处境，那怎样才能做到遇事不惊乱，从狼狈难堪的境地中解脱出来呢？运用急中生智的幽默是最好的方法。

幽默是一种高超的语言艺术，幽默不仅能够帮助我们与他人沟通与交往，还能帮助我们处理一些人与人之间的摩擦，并使其顺利地渡过难关、解决难题。因此，我们要学会用幽默解决问题。

清代有名的才子纪晓岚，体态肥胖，特别怕热，一到夏天就汗流浃背，连衣服都湿透了。因此，他和同僚们在朝廷值班时，常找个地方脱了衣服纳凉。乾隆皇帝知道了，想存心戏弄他们。这天，几个大臣正光着膀子聊天，乾隆突然从里边走出来，大伙儿急急忙忙找衣服往身上披。纪晓岚是近视眼，等看到皇上时已经来不及披衣服了，只好趴在地上，不敢动弹，连大气都不敢出。

乾隆坐了两个小时，不走，也不说一句话。纪晓岚心里发慌，加上天热，一个劲儿地流汗。半天听不见动静，他悄悄地问："老头子走了没有？"这一下乾隆和其他大臣都笑了。皇上说："你如此无礼，说出这样轻薄的话，你给我解释清楚，有话讲则可以，没有话讲可就要杀头了。"纪晓岚说："臣还没穿衣服，怎么回圣上的话呢？"乾隆让太监给他穿上衣服，说："亏你知道跟我说话要穿衣服。别的不讲，我只问你"老头子"是怎么回事？"趁穿衣服的时候，纪晓岚已经想好了说词。他十分恭敬地对皇上说："皇上万寿无疆，这不是老吗？您老人家顶天立地，是百姓之头呀！帝王以天为父，以地为母，对于天地来讲就是子。连在一起，就是"老头子"三个字。皇上，臣说得有错吗？"说的都是好话，当

然没错，于是，皇上很高兴。纪晓岚也松了一口气，心想：以后可不敢随便称呼皇上了。

纪晓岚据理巧辩，能够自圆其说，本来是随便、轻视的一句话，被他解释成充满溢美之意的奉承话，使乾隆皇帝转怒为喜，自己也免了一场灾祸。真不愧是一位有着大智慧的人物。

与人相处的过程中，尴尬局面是不可以避免的，假如你这时能来点幽默，'就会在很短的时间内调节好气氛，摆脱窘境。就像富兰克林·罗斯福所说的那样："幽默是人际沟通的洗涤剂。幽默能使激化的矛盾变得缓和，从而避免出现令人难堪的场面，化解双方的对立情绪，使问题更好地解决。"

在沟通中，幽默的语言如同润滑剂，可有效地降低人与人之间的"摩擦系数"，化解彼此间的冲突和矛盾，并能使我们从容地摆脱沟通中可能遇到的困境。有这样一件事：

公共汽车上，由于急刹车，一位老人撞到前面一个姑娘身上。这个姑娘很不满意，用方言嘟囔了一声："德行！"眼看一场暴风雨即将来临，这位任大学物理系教授的老人不急不恼地说："不是德行，是惯性。"车厢里的乘客哄然大笑起来，一场将要发生的冲突就这样化解了。

从这个例子也可以看出，幽默是缓解紧张局面的灵丹妙药，是随机应变的有力武器。

我们在人际交往中往往会遇到令人尴尬的处境，要想从难堪的境地中解脱出来，可以运用急中生智的幽默。建构起特有的幽默氛围，就能巧妙得体地摆脱尴尬场景。

1943年，在第二次世界大战即将结束之际，中国、英国和美国三国政府首脑在埃及开罗召开国际会议。一天，美国总统罗斯福因有急事找英国首相丘吉尔商量，便在未预约的情况下驱车前往丘吉尔的临时行馆。

开罗干燥又闷热的天气让久居寒冷潮湿的英国的丘吉尔非常不适应，尤其是白天，气温高达四十摄氏度，这让丘吉尔更加难以忍受。因此，为了消暑，丘吉尔在整个白天的时光里都把自己泡在放满冷水的浴缸中。

罗斯福抵达行馆之后，未经丘吉尔侍卫的禀报就直接闯进了大厅，但是进入大厅后他并未见到丘吉尔，倒是耳边传来了丘吉尔的歌声。于是，罗斯福顺着歌声找了过去，撞见了躺在浴缸中一丝不挂的丘吉尔。

两国元首在这种场合下见面确实颇为尴尬，为了缓和气氛，罗斯福马上开口道："我有急事找你商谈，这下可好了，我们这次真的能够坦诚相见了。"

丘吉尔显得非常镇定，他在浴缸中泰然自若地说："总统先生，在这样的情形下，你应该可以相信，我对你真的是毫无隐瞒的。"

两位伟大人物的幽默对话不仅轻松地化解了人际关系危机，还被传为美谈。

幽默是一种力量。如果在人际交往中不时地用点儿幽默的语言，逐步掌握幽默的技巧，就可以巧妙地应对各种尴尬的局面，能够很好地调节生活，使你的生活充满欢乐，甚至改变你的人生。

幽默是一种智慧的表现，幽默风趣的人到处都受到欢迎，可以化解许多人际间的冲突或尴尬，能够化干戈为玉帛。

幽默是沟通最好的清凉剂，培养幽默感有助于彼此的沟通。在通常情况下，真正精于沟通艺术的人，其实就是那些既善于引导话题，同时又善于使无意义的谈话转变得幽默的人。这种人在社交场上往往如鱼得水、左右逢源，可算是人际沟通中的幽默大师。

给人留面子，别让对方下不了台

俗话说：打人莫打脸，骂人莫揭短。在中国，面子是非常重要的东西，为了面子，小则可以翻脸，大则会闹出人命。因为每个人都有强烈的自尊心和虚荣心，都会注意自己社交形象的塑造。在这种心态支配下，如果让人丢了面子或者是下不了台，他会对你产生比平时更为强烈的反感。同样，如果你为他提供了"台阶"，使他保住了面子、维护了自尊，他会对你更为感激，产生更强烈的好感。

在美国经济大萧条时期，有位17岁的姑娘好不容易才找到一份在高级珠宝店当售货员的工作。在圣诞节前一天，店里来了一个30岁左右的贫民顾客，他衣着破旧，满脸哀愁，用一种不可企及的目光盯着那些高级首饰。

姑娘要去接电话，一不小心把一个碟子碰翻，六枚精美绝伦的钻石戒指落在地上。她慌忙捡起其中的五枚，但第六枚怎么也找不着。这时，她看到那个30岁左右的男子正向门口走去，顿时意识到戒指很可能被他拿去了。当男子将要触及门柄时，她柔声叫道：

"对不起，先生！"

那男子转过身来，两人相视无言，足有几十秒。

"什么事？"男人问道，脸上的肌肉抽搐着，再次问道："什么事？"

"先生，这是我第一回工作，现在找个工作很难，想必您也深有体会，是不是？"姑娘神色黯然地说。

男子久久地审视着她，终于一丝微笑浮现在他脸上。他说："是的，确实如此。但是我能肯定，你在这里会干得不错。我可以为您祝福吗？"他向前一步，把手伸给姑娘，那枚钻石戒指就在他的手上。

"谢谢您的祝福。"姑娘立刻也伸出手，接过了那枚戒指。姑娘用十分柔和的声音说，"我也祝您好运！"

故事中的这个小姑娘是睿智的，她很会照顾对方的情面，没有开门见山地要回戒指，而是委婉地指出了男子的错误，先说出自己的难处，找工作不容易，让男子认识到自己的错误，进而主动交还戒指。那男子也很珍惜没有露丑丢脸的时机，非常体面地改正了自己的错误。

在人际交往中，要想与别人建立和谐的关系，就必须懂得为他人保留面子。人际关系是相互的，你希望别人怎样对待你，你就应该怎样对待别人。尊敬别人，给别人面子，其实也是给自己留下了余地。

一位顾客来到一家百货公司，要求退回一件外衣。她已经把衣服带回家并且穿过了，只是她丈夫不喜欢。但她却辩解说"绝没穿过"，要求退掉。

售货员检查了外衣，发现明显有干洗过的痕迹。但是，直截了当地向顾客说明这一点，顾客是绝不会轻易承认的，因为她已经说过"绝没穿过"了，而且精心伪装了没有穿过的痕迹。这样，双方可能会发生争执。

于是，机敏的售货员说："我很想知道是否你们家的某位成员把这件衣服错送到了干洗店去。我记得不久前我也发生过一件同样的事情，我把一件刚买的衣服和其他衣服一起堆放在沙发上，结果我丈夫没注意，就把这件新衣服和一大堆脏衣服一股脑儿地塞进了洗衣机。我怀疑你也遇到了这种事情——因为这件衣服的确看得出已被洗过的明显痕迹。不信的话，你可以跟其他衣服比一比。"，顾客看了看证据知道无可辩驳，而售货员又为她的错误准备好了借口，给了她一个台阶——说可能是她的某位家庭成员在没注意的情况下，把衣服送到了干洗店。于是顾客顺水推舟，乖乖地收起衣服走了。售货员的话说到顾客心里去了，使她不好意思再坚持。一场可能的争吵就这样避免了。

人与人交往难免会出现矛盾、误会和摩擦，当对方发生一些让他下不了台的事，如果你愿意在那时给对方一个台阶下的话，那便可大事化小，小事化了。

有一家公司的老板，自己是搞营销发的家。发家之后，他就开始自己经营公司。

由于公司刚刚运作，所以他老是不放心，总是时不时地过问市场部的具体工作。

如果只是这样还不会有什么问题，毕竟老板的确应该掌握公司的运作情况。可是，这位老板却很喜欢对市场部的员工发出一些"最新指示"，弄得市场部的运作十分混乱。与此同时，他又过于忽略公司的其他部门，而且在管理公司上十分外行。

他的这些表现引起了员工们越来越强烈的不满，公司的经营状况也越来越困难。可是，由于公司是他的，几乎所有的员工都碍于面子，不敢向他提出改进的意见。

在这样的情况下，很有责任心的市场部经理决心向老板进言。

他对老板的性格了如指掌，知道他是一个宁愿舍钱，也不愿丢面子的人。因此，他认为这次进言一定要给老板留好台阶下。

一天，他走进老板的办公室，对老板说："老总，您有空吗？我想跟您商量点事儿。"

得到肯定回答后，他继续说道："您也知道，最近公司的经营出现了一些不良状况。我觉得，原因应该出在各部门没有协调好上面。您看，现在市场部的工作，您亲自来抓，十分重视，成效当然就十分显著。可是，这样一来，公司其他部门的工作就有些受到忽视。我认为，这样恐怕会影响到公司未来的发展。"

这番话可以说是说到了老板心坎上。而且，由于市场部经理说话时很注意给老板留好台阶下，让他认识到错误的同时，又没有丢掉面子，因此谈话的效果很好。

事实上，无论你采取什么样的方式指出别人的错误，即使是一个藐视的眼神，一种不满的腔调，一个不耐烦的手势，都可能让别人觉得没面子，从而带来难堪的后果。不要想着对方会同意你所指出的错误，因为你否定了他的智慧和判断力，打击了他的荣耀和自尊心，同时还伤害了你们的感情，他非但不会改变自己的看法还会进行反击。所以，在给别人指出错误的时候要委婉，讲究方式，给别人留个面子，这样会更容易让别人接纳。

在社会中，懂得给对方台阶下的人往往会受人欢迎。这也就是维护对方面子的意思，他们对你的这一举动会心存感激。

恰当的幽默能体现生活品位与人生智慧

幽默是一种品位，一种人生态度。有智慧的人胸怀宽广、反应机敏，这种幽默感，能使人充满自信，直面种种压力和挑战，让生活变得多姿多彩。同时，幽默感还能"传染"给周围的人，使他们的生活充满欢声笑语。英国思想家培根说过："善谈者必善幽默。"幽默的魅力就在于：话不需直说，但却让人通过曲折含蓄的幽默表达方式心领神会。

"二战"结束后，英国女皇伊丽莎白到美国访问。当记者问她对美国的印象时，女王回答道："报纸太厚，厕纸太薄。"一句话让记者们哄堂大笑。但笑过之后，人们开始发现了伊丽莎白语言的尖锐。

这就是幽默的魅力，本来是想批评他人，但又不方便直说，所以用一种委婉幽默的方式表达了自己内心的意见，这不能不让人佩服伊丽莎白女王的智慧。

幽默不仅是说话技巧，更是一种智慧，这种智慧中蕴含着一种宽容、谅解以及灵活的人生姿态。美国一位心理学家说过："幽默是最有趣、最有感染力、最具有普遍意义的传递艺术。幽默是一个人的学识、才华、智慧、灵感在语言表达中的闪现，是一种'能抓住可笑或诙谐想象的能力'，它是对社会上的种种不和谐、不合理的荒谬现象、偏颇、弊端、矛盾实质的揭示和对某些反常规知识言行的描述。"

有一次，英国前首相威尔逊为了推行他的政策，在一个广场举行公开演讲。当时，大概有数千人在广场上聆听他的发言。突然，人群中有人扔出来一个鸡蛋，不偏不倚恰好打在威尔逊的脸上。安全人员赶紧去找那个闹事者，结果发现，扔鸡蛋的人竟然是一个小孩。威尔逊了解情况后，让他们把小孩放开，然后问了问他的名字，家里的电话和住址，并让助手当众记下。

台下听众躁动了，议论纷纷。他们猜想，威尔逊是不是要惩罚那个孩子？这时候，威尔逊让大家保持安静，他镇定地说："在对方的错误里发现自己的责任，这是我的人生哲学。刚才那位小朋友用鸡蛋打我，这种行为不太礼貌。可身为大英帝国的首相，我有责任和义务为国家储备人才。那位小朋友，从那么远的地方扔过来，还打在我的脸上，说明他是一位很有潜力的棒球手。所以，我要记下他的名字，以后让体育大臣们重点培养他，为国家效力。"这番话说完，听众们哄然大笑，演讲的气氛也变得轻松起来。

语言表达幽默生动，这是一个人知识和智慧的表现，有利于取得良好的沟通效果。在交往中，幽默语言如同润滑剂，可有效地降低人与人之间"摩擦系数"，化解冲突和矛盾，并能使我们从容地摆脱沟通中可能遇到的困境。

幽默大师卓别林曾经说过："幽默是智慧的最高表现，具有幽默感的人最富有个人魅力，他不仅能与别人愉快相处，更重要的是拥有一个快乐的人生。"的确，幽默是沟通最好的润滑剂，培养幽默感有助于彼此的沟通。在通常情况下，真正精于沟通艺术的人，其实就是那些既善于引导话题，同时又善于使无意义的谈话转变得风趣的幽默者。这种人在社交场上往往如鱼得水、左右逢源，可算是人际沟通中的幽默大师。

懂幽默的人懂得如何给生活添加佐料，受到不公平待遇也会泰然处之，即使心情郁闷，也能通过开玩笑的方式缓解情绪并带给别人快乐。这种人热爱生活、大智若愚，充满了人格魅力，现实生活中会得到众多朋友的喜爱，也使自己的生命总是趣味盎然。

有一次，林肯在进行讲演时，台下突然有位不知名的先生递给他一张纸条。林肯打开一看，纸条上赫然写着"傻瓜"两个字。当时，林肯旁边也有很多人也看到了字条上写的内容，他们面面相觑，而后又都盯着总统，看看他将如何处理这次公然挑衅。林肯沉思了一会儿，微微一笑，说道："我收到过太多匿名信，上面只有正文而没有署名，今天这封信却不一样，只有署名，却没有正文。"话刚一说完，台下知情的观众就为林肯的机智和幽默热烈地鼓起掌来。那位"傻瓜"先生见此情景，混在人群中灰溜溜地走掉了。紧张的会场气氛，顿时轻松了起来，演讲也没有受到任何影响，继续进行。

幽默是一种生活的机智，它将人们对生活的领悟以一种诙谐、有趣的形式表达出来，令人发笑，引人深思。拥有幽默感不仅能使人自信，更能使我们在人际交往中善于化解危机，消除不利的因素。

幽默是社会活动的必备礼品，是活跃社交场合气氛的最佳"调料"。它能增添人们的欢乐，轻描淡写般地拂去可能飘来的一丝不快，还能巧妙得体地摆脱自己或他人面临的窘境——这就是幽默的魅力所在。

伟大的物理学家爱因斯坦博士因提出了相对论而举世闻名，此后，发生了这么一个故事：

盛名之下的爱因斯坦每天忙于应付不计其数的大学邀请他作演讲，搞得疲惫不堪。爱因斯坦每次到大学去都是由专职司机李查开车送他，一到会场，李查就在台下听演讲，一共做了三十来次的听众，而且每次他都听得聚精会神，从头听到尾。李查是位风趣的美国人，一天他向疲于奔命的爱因斯坦提建议："您实在太辛苦，也一定讲烦了，您的演讲内容我可以背下来了，我想下次演讲时让我穿着您的衣服，让我来代您演讲直到被发现为止，可以吗？""妙呀，反正那里认得我的人也不多。"同样富于风趣的爱因斯坦回答道。

此后的演讲，穿着爱因斯坦衣服的李查对于相对论的解说没有任何差错，他把爱因斯坦的表情和动作也模仿得惟妙惟肖。

爱因斯坦则打扮成司机，不仅开车送李查来演讲，而且坐在台下认真听讲。

然而，就在演讲结束、李查准备下台时，一件意料不到的事终于发生了。倏地，一位教授模样的先生站起来，像发连珠炮似的提出了许多问题。

真的爱因斯坦静坐在会场的角落，心中吃惊不小，但他表情上还是若无其事。

假的爱因斯坦却轻松地对那位教授说："你的这些问题很简单，连我的司机都能回答……喂，李查，请上来帮我做些说明吧！"于是，真正的爱因斯坦这时才穿着司机的服装，理所当然地走上讲台，并迅速地对问题做了说明。两人巧渡难关，也留下永久难忘的回忆。

爱因斯坦同司机互换身份的故事，的确是很逗人的，带着浓厚的幽默色彩。

幽默是一种能力，是一种智慧，也是快乐人生的润滑剂。幽默不是老老实实的文字，它是运用智慧、聪明与种种搞笑的技巧，使人读了发笑、惊异或啼笑皆非，并从中受到教育的一种能力。幽默不仅是智慧的迸发和善良的表达，它更是一种胸怀、一种境界。正如作家王蒙所说："幽默是一种成人的智慧，一种穿透力，一两句就把那畸形的、讳莫如深的东西端了出来。既包含着无可奈何，更包含着健康的希冀。"

人与人交往最重要的目的无非是想让别人接受自己。如果不能够给别人惊喜或者意外，那么想让别人记住自己恐怕很难。而幽默是打开别人心房的一把钥匙，也是交际场合的一种常用手法，懂得幽默的人必然会受到别人的欢迎。让我们成功地驾驭幽默，达到交谈的最高境界吧。